LA BRUJA GÓTICA

‡

A todas aquellas personas
que bailaron conmigo
al son de A Forest de The Cure.
Buscábamos las sombras, éramos luz.

Puede consultar nuestro catálogo en www.edicionesobelisco.com

La bruja gótica
Texto: *Cecilia Lattari*
Ilustraciones: *Marta Orlowska*

1.ª edición: noviembre de 2025

Título original: *Gothic Witchcraft*

Traducción: *Ediciones Obelisco*
Maquetación: *El Taller del Llibre, S. L.*

Vivida

Vivida® es marca registrada propiedad de White Star s.r.l.
www.vividabooks.com

Edita: Ediciones Obelisco, S. L.
Collita, 23-25. Pol. Ind. Molí de la Bastida
08191 Rubí - Barcelona - España
Tel. 93 309 85 25
E-mail: info@edicionesobelisco.com

ISBN: 978-84-1172-311-4
DL B 10.543-2025

Printed in Turkey

Cecilia Lattari

‡

LA BRUJA GÓTICA

MAGIA E HISTORIAS DEL MUNDO DE LAS SOMBRAS

Ilustraciones:
Marta Orlowska

EDICIONES OBELISCO

ÍNDICE

¿QUÉ ES EL GÓTICO?

‡

Es una noche perfecta para el misterio y el horror. El aire mismo está lleno de monstruos.

(de La novia de Frankestein, *dirigida por J. Whale, 1935)*

Dar una definición precisa de lo que es el gótico es muy difícil: se trata de una actitud, un modo de vida y de observar las cosas; es una predilección por el lado más sombrío, que no es exactamente sinónimo de lo oscuro, pero comprende la oscuridad; está profundamente relacionada con la brujería, los vampiros, los fantasmas y las historias de miedo que se contaban por la noche alrededor de una hoguera.

Encuentra sus raíces en la literatura, pero también en la música y la arquitectura; tiene influencia sobre películas, piezas musicales y tiene mucho que ver también con la moda: en su evolución, del pasado al contemporáneo, el estilo gótico ha mantenido una gran libertad y fluidez, característica que lo hace aún actual, signo de anticonformismo y de visión alternativa.

En el ámbito literario, y en la cultura popular, remontamos el nacimiento del gótico a la novela de Horace Walpole, *El castillo de Otranto*, publicada en 1764. Se trata de una historia que mezcla la novela clásica con elementos sobrenaturales, personajes malos que se vuelven aún más malvados, casas encantadas, la naturaleza manifestándose a través de sus aspectos más salvajes o intensos. El gótico, empezando por autores como Ann Radcliffe, pionera del género, nunca ha sido fácil de etiquetar. Al contrario, ha ido evolucionando constantemente, hasta llegar a nuestros días. Entre los siglos XVIII y XIX, el gótico se adueñó del panorama no sólo con la literatura, sino también con el imaginario, los relatos, la imaginación. Fue precursor del cine: del siglo XIX al XX, con el nacimiento del psicoanálisis y el cine, el gótico encuentra un renovado interés. El énfasis en los sueños, en lo fantasmagórico, en todo lo que es a la vez familiar y extraño (Sigmund Freud lo llamaría *unheimlich*, lo «siniestro») es una de las principales sugerencias de lo gótico: ser conocido y desconocido, familiar y misterioso, como una casa abandonada, un fantasma vislumbrado tras una cortina, la luz de una vela iluminando viejos libros de magia. En épocas más contemporáneas, sobre todo en la década de los sesenta, cobraron vida los *Estudios Góticos*: el movimiento feminista ha jugado un papel crucial en la adopción del gótico como herramienta de reflexión social. Ellen Moers, con su obra *Literary Women* de 1976, fue una figura clave, introduciendo el término *Female Gothic* y reinterpretando la novela *Frankenstein* de Mary Shelley como un «mito del nacimiento».

En los años siguientes, otros autores y autoras han descrito el gótico como un género que trasciende los géneros, abarcando diversas disciplinas y ámbitos artísticos, literarios, relacionados con la narración y la representación.

En términos generales, el gótico se asocia con modos de escritura no realistas y abarca varios géneros como el horror, la ciencia ficción y el realismo mágico. Los elementos recurrentes en todo lo que caracteriza una historia gótica, ya sea del pasado o contemporánea, incluyen lugares misteriosos, eventos sobrenaturales y mágicos, personajes con premoniciones o un contacto exclusivo con el mundo de las percepciones. Ser transportados por nuestros sentimientos más viscerales, vivir intensamente y de manera romántica, está íntimamente ligado a la narrativa gótica. Además, los monstruos, la transgresión, la magia y todo lo que es *weird* (es decir, no conforme con el relato institucional y, por lo tanto, grotesco, extraño, rebelde) puede encajar en esta categoría.

LA BRUJA GÓTICA

‡

La bruja gótica encarna plenamente este espíritu: no la encontraremos en medio del soleado verano, entre prados florecidos y girasoles, en la cumbre de un caluroso día; tampoco la encontraremos en el centro de una fiesta, entreteniendo a todos con su charla; no participa en grandes eventos ni se aleja mucho de la naturaleza.

La bruja gótica, como cualquiera que se sienta como ella, prefiere la compañía de pocas personas, especiales e íntimas. Tal vez puedas encontrarla en un día de niebla, caminando por el sendero que atraviesa el bosque, atenta a los pequeños detalles: las nubes que anuncian la tormenta,

con formas animales; las gotas de lluvia que quedan en las hojas de helecho después de un chaparrón, que parecen pequeñas perlas de hadas; el vuelo de las polillas al crepúsculo, como una danza que anticipa la luminosa coreografía de las luciérnagas.

Cada bruja es símbolo de pensamiento libre, anticonformista, original y en parte rebelde: las brujas vuelan en escobas, de noche, junto a sus hermanas; no siguen el orden preestablecido, es más, a menudo lo subvierten; saben hablar con los animales y las plantas; sanan y conocen alfabetos mágicos para adivinar, comunicarse con lo invisible. La bruja, por su naturaleza, hace magia: llevando esta actitud a nuestra vida cotidiana, podemos decir con certeza que realiza actos fuera de lo ordinario, contribuyendo al crecimiento de la independencia, la autonomía y, por ende, a la singularidad y a los recursos personales. La bruja gótica es maestra en este arte: al igual que el estilo al que pertenece, no es fácil de clasificar, escapa a las etiquetas, es interseccional y profundamente libre.

Le gusta actuar en soledad o en relación con las criaturas naturales: los animales le son cercanos, así como las plantas, las flores, las hierbas medicinales.

Prefiere la lluvia a los días soleados, porque en un día lluvioso puedes ralentizar tu tiempo, observar con atención, realizar un trabajo introspectivo. Está bien consigo misma y conoce el poder de la soledad, que sana y recarga; ama las casas abandonadas, las velas encendidas al crepúsculo, el té de las cinco, cuando fuera ya anochece, en invierno.

Le encanta leer, escribir, pasar el tiempo fantaseando. Y adora las historias de miedo, porque sabe que a través de ellas podemos experimentar incluso las emociones más difíciles y encontrar una forma de sanarlas.

No brilla como Glinda, el hada buena del Este; en cambio, es intensa y apasionada como Elphaba, la bruja del Oeste, narrada en *Wicked: Memorias de una bruja mala*, de Gregory Maguire. Estoy segura de que tú también quieres conocerla y eso es lo que sucederá a lo largo de este libro.

CAPÍTULO 1

EL GÓTICO Y SUS SÍMBOLOS

O cómo el gótico puede ayudar a enfrentar los propios miedos, a través del relato y la experiencia imaginativa.

Quienes aman los relatos de terror, o el horror en general, saben bien que, a través del miedo que experimentan durante la visión o la escucha, pueden experimentar y exorcizar ese mismo miedo en la vida real. El gótico, precursor de todo el horror moderno y contemporáneo, siempre ha sido una función y proyección de los miedos colectivos: los vampiros son una metáfora de

las enfermedades y las epidemias; los fantasmas nos recuerdan que algún día moriremos; los monstruos representan nuestro miedo a lo diferente, a lo desconocido, a lo incognoscible. Jeffry Jerome Cohen, escritor y estudioso pionero de la «teoría de los monstruos», sostiene que cuando el colectivo experimenta una ansiedad generalizada, ésta toma la forma de un monstruo, al que deseamos conocer y domesticar, para así, despojarlo de su poder. De la misma manera que en los cuentos de hadas, una de las principales herramientas educativas para niños y niñas, donde los eventos terroríficos permiten al oyente experimentar el miedo, el gótico nos enseña a vivir a través de la narración y el relato. De este modo, el gótico nos ayuda a vivir mejor, familiarizándonos con todo aquello que nos atrae y al mismo tiempo nos asusta.

Los vampiros

La figura del vampiro ha vuelto recientemente a estar de moda gracias a la saga *Crepúsculo*, de la escritora Stephenie Meyer. Al igual que los vampiros descritos en sus libros, los vampiros de nuestra época son fascinantes, magnéticos y románticos, aunque originalmente no eran así. Los primeros relatos de vampiros se remontan a tiempos muy antiguos (culturas griega, latina, mesopotámica...). Estas criaturas primordiales no eran elegantes como las imaginamos hoy, sino más bien similares a muertos vivientes que resucitaban de sus tumbas, vagando en busca de sangre humana y devorando personas y animales. El vampiro más conocido es sin duda Drácula, en la versión de Bram Stoker, escritor irlandés que publicó su novela en 1877. Con Drácula, el vampiro se convierte en un personaje elegante, eternamente joven, que se alimenta de sangre humana mordiendo el cuello de su víctima, a menudo una bella doncella, lo que acentúa la seducción y el misterio que rodean a esta figura. La principal característica del vampiro es su hambre de sangre, que simboliza la vida. Estas criaturas son, después de todo, muertos vivientes, ansiosos por la vida, por la sangre que fluye en las venas de los vivos. Al mismo tiempo, la sangre es un símbolo de muerte y un vehículo de comunicación entre la vida y la muerte, en ese umbral donde habita el vampiro. Criaturas de la oscuridad, temen la luz: los rayos del Sol las incineran. El vampiro proviene de las tinieblas, es el amo de ellas, pero no puede vencer la luz, la fuerza vital, el bien. Actúa de noche, pero a la luz del día desaparece, como sucede con las peores pesadillas. Por último, para neutralizar y matar a un vampiro, se debe clavar una estaca de madera en su corazón, el lugar donde simbólicamente reside la sangre. Esta estaca debe ser de fresno, un arbusto sagrado para los celtas, proveniente de Yggdrasil, el árbol de la vida donde Odín fue colgado antes de recibir las Runas. La madera de fresno es blanca y brillante, utilizada desde la antigüedad para ahuyentar a los espíritus malignos.

Los fantasmas

El origen de los fantasmas en los relatos y las historias de terror se encuentra mezclado entre muchos mitos y cuentos populares. Por ejemplo, en las tradiciones celtas, las *banshee* son figuras espectrales que anuncian la muerte con lamentos y gritos desgarradores, personificando el vínculo entre el mundo humano y el más allá. En la cultura japonesa, el *yurei* encarna la ambigüedad y la tensión entre la vida y la muerte. Figuras como Sadako en la película *Ring* tienen profundas raíces en relatos de almas atormentadas, a menudo representadas como mujeres muertas en circunstancias violentas, con una fuerte conexión con el agua. También en Italia y Alemania muchas leyendas hablan de presencias ligadas a castillos y pueblos, como la Dama Bianca, que aparece para consolar o advertir a quien la encuentra, a veces como presagio de muerte. Otra tradición significativa es la mexicana: el Día de los Muertos celebra la presencia de los espíritus con ritos festivos y conmemorativos, donde los fantasmas no dan miedo sino que permiten a los vivos reconectar con sus seres queridos fallecidos. Para la narrativa gótica, los fantasmas no son sólo sombras que rondan pasillos oscuros o que aparecen de repente detrás del cristal de la ventana al crepúsculo, cuando el delgado velo entre quienes han partido y quienes aún están aquí se vuelve más frágil. Son la manifestación —visible e invisible— de emociones intensas y pasiones no resueltas, que se niegan a desvanecerse incluso cuando quienes las generaron ya se han convertido en polvo. En el libro *Cumbres Borrascosas* (Emily Brontë, 1847), en una de las escenas más bellas, encontramos al fantasma de Catherine asomándose a la ventana, una figura etérea, viva y no viva, que simboliza la obsesión amorosa del protagonista, Heathcliff. En la película *La cumbre escarlata*, los fantasmas son igualmente ambiguos: rojos, como la arcilla que tiñe la nieve y da nombre al lugar donde se desarrolla la historia y, sin embargo, vibrantes. Estas presencias son las huellas de un pasado que no puede ser olvidado, el testimonio doloroso de secretos familiares, algo que expresará un amor que va más allá de la muerte. El fantasma es, por tanto, una presencia ambigua, tan aterradora como melancólica y, sobre todo, profundamente romántica.

Objetos encantados

Los cuentos de hadas nos enseñan que los objetos pueden cobrar vida y mostrar cierta personalidad. Pensemos en aquellos que habitan una tienda en el cuento de Andersen *El duende de la tienda*: durante la noche, cobran vida y, desde el barril de madera hasta la lechera, debaten sobre lo que es la poesía. Las varitas mágicas de las brujas o de las hadas madrinas son ramitas que adquieren poderes especiales de manera extraordinaria. Lo mismo ocurre con las zapatillas rojas del cuento homónimo de los hermanos Grimm, con la olla mágica y así sucesivamente. La magia se mezcla con la vida cotidiana, produciendo efectos inesperados. En el mundo gótico, los objetos también tienen una gran importancia y pueden cobrar vida. El estilo gótico se compone de encajes, vestidos de terciopelo o tul, estrictamente negros —o rojos, como la espléndida Winona Ryder en la película *Beetlejuice*—, de amplios salones con espejos, relojes que marcan un tiempo diferente al real, candelabros que proyectan sombras con vida propia, como en la película *Drácula, de Bram Stoker* dirigida por Francis Ford Coppola. Los objetos encantados están conectados con el corazón del gótico, es decir, lo inquietante; algo cotidiano que, al mismo tiempo, no lo es, se desvía ligeramente de la norma de una manera que no sabemos reconocer. Entonces, el espejo se convierte en un umbral hacia otro mundo, un portal del que pueden provenir criaturas que no pertenecen a éste, o entidades reales, como en *Oculus*, la película de Mike Flanagan, donde el antagonista es un espejo maldito. La propia casa puede ser tanto un lugar maravilloso como aterrador; un ejemplo es el cuento *Coraline* de Neil Gaiman, donde las puertas tienen la capacidad de transportar a la protagonista a una casa mucho más inquietante que la de la que proviene. Cofres secretos, llaves que abren puertas cuya existencia desconocemos, cenas a la luz de las velas que proyectan sobre las paredes las sombras de los comensales; secretos, recuerdos, amuletos, mapas y libros antiguos que culminan con el cuadro más famoso de la narrativa gótica, esto es, *El retrato de Dorian Gray* (Oscar Wilde, 1890), que nos recuerda el tiempo que pasa de manera inexorable.

Las visiones y los sueños premonitorios

La pesadilla, pintura de Füssli, retrata a una mujer dormida, con la cabeza reclinada y el cuerpo abandonado en un sueño profundo. En su pecho se sienta una oscura criatura, mientras que, al fondo, el hocico de un caballo blanco emerge en una aparición. Esta obra es una representación visual del mundo onírico: un lugar donde el deseo y el miedo se mezclan, dando vida a visiones inexplicables y poderosas. En el imaginario gótico, el sueño y la visión se convierten en dimensiones liminales, suspendidas entre la realidad y la imaginación, donde las leyes ordinarias del tiempo y el espacio se disuelven. Ahí, el alma humana es libre de confrontarse con sus propias obsesiones, experimentar encuentros con lo sobrenatural y atravesar la frontera entre lo consciente y lo inconsciente. Los sueños y las premoniciones son ventanas abiertas a la posibilidad o territorios de encuentro con lo invisible. Por ejemplo, en el cuento de 1839 *La caída de la Casa Usher* de Edgar Allan Poe, las visiones de Roderick Usher anticipan el colapso de la casa, reflejo de su propia decadencia. En el gótico contemporáneo y el horror de cuentos de hadas, Freddy Krueger, el villano de la serie de películas *Pesadilla en Elm Street*, logra cazar y matar a sus víctimas irrumpiendo en sus sueños. Como sucede con el arcano mayor de los Tarots, La Luna, el paisaje del sueño es un lugar interior y mágico, donde las cosas que encontramos nunca son lo que parecen. El agua profunda, la escalera que abre nuevas dimensiones, el bosque que a menudo representa miedos y deseos, la casa —es decir, nuestro cuerpo— y así sucesivamente. ¿Qué son los sueños premonitorios sino mensajes directamente del futuro? Un poderoso referente de este mundo es la obra del director David Lynch, que se convierte en una verdadera emanación de la estética del sueño gótico. Películas como *Mulholland Drive* o la serie *Twin Peaks* exploran el territorio onírico como un espacio donde la frontera entre la realidad y el mundo invisible se vuelve delgada. Lynch, como Füssli, pinta un mundo donde lo onírico es una fuerza viva, capaz de transformar lo cotidiano en extraordinario, lo que es real en algo misterioso.

Los ogros y los monstruos

Nos encontramos con «el monstruo» desde la infancia; el ogro de los cuentos de hadas da miedo, pero a menudo es la figura que más perdura en la memoria de quien escucha. Junto al hombre lobo, el ogro es una de las figuras más aterradoras que podemos encontrar; una de sus especialidades es devorar niños. Esto inevitablemente nos remite a Crono, hijo de Urano y Gea, quien devoraba a sus hijos: comió a cinco de ellos hasta que Rea, su esposa, salvó al sexto escondiéndolo, permitiendo así la supervivencia de Zeus. Crono, o Saturno, es el dios del tiempo, aquel que limita, reduce, simplifica y contrae. La palabra «Orco» en la tradición latina significa «Infiernos»: es un ser ctónico, conectado con la tierra y la oscuridad. Esta figura aterradora se convierte en parte de la identidad de quien lo encuentra, especialmente en la representación del cuento gótico o de la historia de terror. El ogro representa la posibilidad de ver la parte negativa e inaceptable que vive en nosotros, esa faceta destructiva y oscura. El bosque del ogro, el sendero de tierra, el camino menos transitado, así como la habitación oscura de Colin en *El jardín secreto* de Frances H. Burnett, *Las Brujas* de Roald Dahl o el protagonista de *El hombre elefante* de David Lynch pertenecen todos a lo limítrofe. A menudo, los lugares marginales son los habitados por los personajes más diferentes, porque aquí puede revelarse tal y como son, alejados de la mirada normativa de la mayoría. En la narrativa gótica, ogros y monstruos son mucho más que simples figuras de terror: encarnan lo desconocido, lo marginado, lo reprimido que se manifiesta de forma inquietante. Su presencia, confinada a los límites, nos lleva al borde entre lo humano y lo monstruoso. Los vemos en los rostros grotescos del pintor Hieronymus Bosch, en los cuerpos distorsionados del artista Francis Bacon y en las criaturas extraordinarias del director Guillermo del Toro, como el fauno en *El laberinto del fauno*. Estos seres, que nos asustan o de los que nos distanciamos, son símbolos poderosos: nos recuerdan que lo monstruoso nunca está tan alejado de nosotros como puede parecer.

La bruja

Macbeth, la tragedia de William Shakespeare, comienza con tres brujas conocidas como las *Weird Sisters*, figuras misteriosas que representan el destino pero también la manipulación y que guían el destino de los personajes. Conspiran en medio de una tormenta, se citan más allá del páramo, evocando de inmediato uno de los lugares más simbólicos del imaginario gótico. «*Fair is foul, and foul is fair*» («Lo bello es feo, y lo feo es bello»), dicen, concentrando en una sola imagen la esencia de la bruja. El bien y el mal, lo justo y lo loco se confunden al hablar de ellas. Desde la antigüedad, la bruja es aquella que cura, sana y preserva los límites del pueblo manteniendo un diálogo con lo salvaje; pero también es una hechicera, una encantadora, una maga. A menudo es una anciana como Baba Yaga, de la tradición eslava, que rompe los cánones de belleza y desafía lo que es conforme, rompiendo las expectativas de lo que una figura femenina debería ser o hacer. Por esta misma fuerza, la bruja ha sido utilizada a lo largo de la historia como un símbolo de las luchas feministas y de todas las personas que luchan del lado de quienes son oprimidos, marginados y diferentes. Elphaba, protagonista del libro *Wicked: Memorias de una bruja mala*, desafía cada estereotipo relacionado con la figura de la bruja. Marginada por su piel verde, encuentra su fuerza en la lucha por los oprimidos, transformándose en un símbolo de resistencia y justicia que ha inspirado el famoso musical *Wicked* y su película homónima. En la película *La bruja* de Robert Eggers, la protagonista Thomasin representa otra declinación de la bruja: encarna el terror de lo salvaje y lo incontrolable, pero también es símbolo de una rebelión contra el control patriarcal y religioso. Las brujas de la película *Suspiria* de Darío Argento, por su parte, se adentran en una dimensión más abstracta y visionaria, habitando un espacio gótico-moderno hecho de colores hipnóticos y arquitecturas laberínticas, donde su presencia es misteriosa y está ligada a las dinámicas de poder. La bruja representa lo que escapa a las reglas, lo que se niega a ser confinado. Es guardiana de un saber antiguo, un vínculo entre lo que conocemos y lo que tememos descubrir. Las brujas seguirán inspirándonos: no dejaremos de bailar alrededor del fuego, a la luz de la Luna. Volaremos, incluso sin escoba.

TEST: ¿ERES UNA CRIATURA GÓTICA?

¿Qué criatura gótica refleja mejor tu espíritu?
¡Descúbrelo con este test!

1) ¿Qué lugar te atrae más?

A. Una casa abandonada envuelta en niebla, donde el tiempo parece haberse detenido.
B. Un castillo aislado con pasillos ocultos, habitaciones secretas y candelabros siempre encendidos.
C. Un claro en el bosque iluminado por la Luna, donde crecen hierbas y flores misteriosas.

2) ¿Cómo enfrentas un misterio?

A. Lo observas desde lejos, dejando que el tiempo revele sus secretos.
B. Te acercas con seguridad para descubrir cada detalle.
C. Lo exploras con curiosidad, dejando que tu intuición guíe tus percepciones más profundas.

3) ¿Qué objeto sientes más cercano a tu espíritu?

A. Un espejo agrietado con una inscripción borrada por el tiempo.
B. Una llave antigua que, quizás, abre puertas escondidas.
C. Un libro de hechizos lleno de fórmulas y símbolos desconocidos.

4) ¿Qué película verías una y otra vez?

A. *Los otros* de Amenábar, un cuento de fantasmas y una historia de amor, con una espléndida casa como escenario.

B. *Drácula* de Coppola, elegante y oscuro, con un amor inmortal en el centro de la historia.

C. *La bruja* de Eggers, una película cargada de simbolismo relacionado con la magia y la naturaleza, con un final espectacular.

5) ¿Qué cualidad te describe mejor?

A. Un profundo vínculo con el pasado y los recuerdos.

B. La capacidad de fascinar y atraer con misterio y elegancia.

C. La conexión con las fuerzas naturales y el deseo de transformar el mundo que te rodea.

MAYORÍA DE A: Eres un fantasma

Tu esencia está ligada a los recuerdos y a los lugares que conservan las huellas del pasado. Te mueves con delicadeza entre lo que fue y lo que es, con atención al mundo invisible. Vives entre dimensiones diferentes, dejando tras de ti secretos y susurros.

MAYORÍA DE B: Eres un vampiro

Tu naturaleza es intensa, seductora y tienes un encanto original y misterioso. Te nutres de emociones profundas y pasiones prohibidas. Caminas por la noche con elegancia y poder, dejando siempre una marca a tu paso.

MAYORÍA DE C: Eres una bruja

Tienes una conexión profunda con la naturaleza y con la práctica mágica. Te mueves siguiendo tu intuición, realizas transformaciones a través de rituales y conocimientos ancestrales. Eres una guardiana de secretos y una aliada de las fuerzas ocultas.

CAPÍTULO 2

✣✣✣

EN LA CASA DE LA BRUJA GÓTICA: VIAJE POR CASTILLOS GÓTICOS Y ABANDONADOS

Siempre hay un fuego ardiendo en una estufa sobre la cual un caldero murmura suavemente. Tal vez contenga té de hierbas y flores, o quizá un hechizo. Desde la ventana, la niebla de noviembre, suave como azúcar, disuelve los límites de la realidad. Las ramas del árbol frente a la cocina rozan el vidrio con una caricia otoñal, como si quisieran entrar. Se está bien en la casa de la bruja: aquí el tiempo se ralentiza, los secretos se revelan, las historias rotas encuentran nuevas tramas. Es un lugar donde puedes sanar una parte de ti, incluso aquella que creías rota. Más allá de la niebla, a lo lejos, comienzan a vislumbrarse los primeros castillos. No sabes si es un sueño o si realmente están allí, inmóviles, como presencias que observan en silencio. Amplios salones que antaño acogieron fiestas y bailes de corte, candelabros que brillan al ritmo de las danzas, altas ventanas como ojos abiertos al mundo exterior. ¿Cuántas historias conservan? ¿Cuántas voces aún resuenan entre esos muros? ¿Y están realmente deshabitados, o alguien (o algo) los recorre todavía?

En el armario de la bruja gótica: el estilo

En el imaginario gótico, el estilo es fundamental: es un manifiesto de un sentir, una forma particular de habitar el mundo. El *dress code* gótico en la época contemporánea es un lenguaje visual que se inspira tanto en el pasado como en los años más recientes, mezclando épocas y tendencias.

Tejidos como el terciopelo y el encaje evocan la estética de tiempos antiguos, mientras que los detalles metálicos —cruces, hebillas, tachuelas, *piercings*— nos remiten a los años ochenta, cuna de la *dark wave* y del estilo *goth*.

En esos años, bandas como Siouxsie And The Banshees y The Cure redefinieron la estética de la rebelión punk, añadiendo peinados cardados, maquillaje dramático y atuendos que parecían sacados de un cuento oscuro. La cantante Siouxsie Sioux, en particular, se convirtió en un icono: su maquillaje de vampira, sus ojos enmarcados en negro, su piel blanquísima y sus ropas que desafiaban las convenciones de género eran la esencia del gótico contemporáneo. El director Tim Burton también contribuyó a definir el estilo gótico de nuestros días: sus personajes, desde Lydia Deetz, interpretada por Winona Ryder en *Beetlejuice*, hasta Miércoles Addams, forman parte de una estética *dark* que fusiona humor negro, introspección y *weirdness*, un término que alude a algo surrealista, capaz de desafiar las convenciones. Las rayas blancas y negras, el vestido de tul rojo de Lydia o las trenzas apretadas de Miércoles se han convertido en símbolos de un estilo que atraviesa el gótico clásico para llegar al pop, manteniéndose siempre reconocible.

La alta moda ha encontrado en el gótico una fuente inagotable de inspiración: el diseñador Alexander McQueen es uno de sus exponentes más importantes.

Sus vestidos son verdaderas obras de arte, que transforman la pasarela en un espacio cercano al arte contemporáneo. McQueen reinterpretó la estética gótica en clave moderna, aportando teatralidad e intensidad emocional a sus creaciones. Sus trajes, enriquecidos con detalles como plumas negras, bordados, velos y transparencias, son la celebración de lo oscuro, lo misterioso y, al mismo tiempo, lo magnífico. Su visión redefinió el estilo gótico como un lenguaje visual y conceptual, capaz de hablar a un público moderno.

La fuerza del estilo gótico reside en su capacidad de transformar lo cotidiano en un acto de rebeldía e introspección, donde la belleza se carga de significados profundos. Es mucho más que una simple elección estética: representa una visión del mundo, una forma de afirmar la propia identidad y de dar espacio a lo oscuro y magnético.

Este estilo puede evolucionar sin perder su alma, renovándose y adaptándose, permaneciendo siempre fiel a su encanto. Es aquí donde radica su verdadera esencia: un equilibrio constante entre luz y sombra, tradición e innovación. La oscuridad no es sólo ausencia de luz, sino también una presencia viva, capaz de inspirar y transformar, un llamado para quienes buscan maravillas en las profundidades. La bruja gótica viste de negro, rojo oscuro, violeta; ama las medias de rayas, los encajes y las puntillas y entien-

de que el vestido es mucho más que una simple prenda. Llevar los colores de la noche y el misterio a la luz del día; no preocuparse por lo que dirá el pensamiento común —ya se sabe, las chicas deben vestirse con colores claros, ser bonitas y elegantes— sino romper los esquemas y mostrarse tal como se es. Vestirse se convierte en un ritual, en una forma de transformar lo cotidiano en algo extraordinario. Cada tejido y cada accesorio se convierten en una celebración de lo auténtico y profundo. Vestirse con un estilo gótico es caminar con gracia entre la luz y las sombras, llevando puesto lo que nos gusta y lo que manifiesta nuestra verdadera naturaleza.

La biblioteca de la bruja gótica

En *Siempre hemos vivido en el castillo* de Shirley Jackson, Merricat y su hermana Constance viven aisladas en una gran casa a la que llaman «castillo». Merricat sólo sale para comprar lo que su huerto no produce y para ir a la biblioteca a por libros prestados: el alimento no es sólo lo que comemos, sino también las historias que escuchamos. No podríamos vivir sin historias. La bruja gótica lo sabe: por eso, en su casa, puedes encontrar una biblioteca llena de volúmenes. Entre muchos libros destacan los clásicos del gótico: *Drácula* de Bram Stoker y *Carmilla* de Sheridan Le Fanu, que dieron forma al mito del vampiro mezclando terror y seducción. Edgar Allan Poe, maestro de la inquietud, es imprescindible: sus relatos, como *La caída de la casa Usher* o *El gato negro*, son obras fundamentales, capaces de erizar la piel. *Cumbres Borrascosas* de Emily Brontë, con sus pasiones destructivas y el paisaje salvaje del páramo, también tiene un lugar en esta biblioteca, junto a los fantasmas que guardan sus historias. Shirley Jackson, una de las más importantes autoras del gótico contemporáneo, aporta un toque más íntimo: *La maldición de Hill House* y *Siempre hemos vivido en el castillo* exploran los lazos entre el espacio doméstico y los aspectos más oscuros del alma humana. Entre los contemporáneos, Stephen King ocupa un lugar de honor: sus libros continúan con el eco de la tradición gótica, convirtiendo el estado de Maine en un territorio inquietante donde el horror y el amor se revelan a través de una narrativa humana y detallada. Frances Hardinge, con *La voz de las sombras*, entre otras obras, entreteje el gótico con lo fantástico. Grady Hendrix, con *Cómo vender una casa encantada*, reinterpreta las historias de terror con ironía y un enfoque personal que resulta conmovedor; al igual que Catriona Ward, quien con *La casa al final de Needless Street* lleva los límites del gótico a una dimensión psicológica y narrativa profundamente perturbadora, pero también humana. Para la bruja gótica, encontrar tiempo para leer es uno de sus encantamientos favoritos: sumergirse en una historia mientras afuera ruge la tormenta, con una vela encendida y una taza de té en la mano.

S·MORT
SERVI·
LOQUE

Los instrumentos preferidos de la bruja gótica

Imagina entrar en la casa de la bruja gótica: aquí encontrarás sus herramientas más preciadas, cuidadas con esmero. Junto a la puerta de entrada estará su escoba: hecha de sorgo, brezo, mirto o retama. La escoba de las brujas se confeccionaba con un manojo de hierbas, lo suficientemente rígidas, atado a un bastón. En Toscana, de donde proviene esta historia, las escobas se llaman *granate* porque se fabricaban con pequeños haces de trigo. Desde siempre, la escoba ha estado conectada con la bruja y la magia: con ella se puede «barrer» la energía negativa, la basura, el polvo y todo lo que se estanca. Además, las hierbas asociadas al bastón aportan sus propiedades mágicas: por ejemplo, una escoba hecha con ramas de retama se relaciona con la fertilidad y la abundancia. Por supuesto, la bruja se dirige al aquelarre, es decir, a un encuentro nocturno y ritual, volando sobre su escoba. Ya sea debido a visiones alucinatorias obtenidas con el famoso «ungüento de las brujas», o si realmente es así, es interesante notar cómo el símbolo asociado a la casa, a la mujer y a los trabajos domésticos se convierte, en manos de la bruja, en algo mágico, un símbolo de poder oculto. En su casa también encontrarás piedras y amuletos: expuestos en su altar, especialmente si fuera hay Luna llena, para que se bañen en su luz. No faltará la obsidiana, piedra negra y brillante, ideal para absorber vibraciones negativas y para la protección. La amatista, violeta y mágica, acompaña los sueños, favoreciendo aquellos que son premonitorios y mágicos. Y dado que cada sueño es un viaje, la piedra también protege durante los desplazamientos. Por último, la selenita, opalescente y femenina, está conectada con la Luna y sus fases. Entre velas, inciensos y frascos con hierbas mágicas, destaca el espejo negro, un instrumento para la técnica del *scrying*, la lectura de reflejos e imágenes en su superficie. La bruja gótica te espera, sentada en su sillón favorito, con su gato acurrucado en el regazo. Ella sorbe una infusión, lista para contarte sobre sueños y vuelos.

Casas abandonadas y encantadas

El director contemporáneo Mike Flanagan dedicó una serie a dos de las casas encantadas más célebres de la literatura gótica: Hill House, nacida de la pluma de Shirley Jackson, y Bly Manor, la gran mansión protagonista del relato *Otra vuelta de tuerca* de Henry James. Hablar de casas encantadas implica volver a los fantasmas que las habitan; pero, simbólicamente, ¿qué representan estos fenómenos? «Cada historia de amor es una historia de fantasmas», escribía David Foster Wallace en *El rey pálido*, y en esta frase reside el fondo del asunto. Los fantasmas pueden interpretarse como símbolos de la memoria, de la persistencia de un lazo afectivo, que puede nacer incluso con un lugar querido. Son presencias creadas por la ausencia, que llenan una casa ahora abandonada, antes hogar de relaciones familiares. Es la sensación que experimentamos al entrar en una casa deshabitada durante mucho tiempo, cuando nos topamos con pequeños objetos olvidados: una maleta, un libro polvoriento, un pañuelo con una inicial bordada. Todo habla de vida, en las casas encantadas. Una vida que ya no existe, pero que aún resuena entre las habitaciones vacías. Una casa abandonada continúa contándonos historias de nostalgia, melancolía y miedo. Como en las obras citadas y en muchos otros relatos de casas encantadas, las presencias espectrales emergen a menudo de eventos dolorosos que ejercen un poder sobre el presente. Cierto lugares de conflictos o tragedias se convierten en símbolos de lo que ocurrió y no pudo ser olvidado. Los fantasmas que habitan estas casas actúan como guardianes del trauma, floreciendo de nuevo en el presente sutil pero profundamente. El sentido de lo inquietante, algo que es al mismo tiempo familiar y extraño, encuentra plena expresión en las casas abandonadas: espacios suspendidos, donde el interior y el exterior se confunden y los objetos familiares acaban expuestos a la acción del tiempo, la naturaleza y los extraños. Los fantasmas, reales o imaginarios, nos obligan a confrontarnos con lo que queda en suspenso entre el pasado y el presente, entre el recuerdo y la pérdida. Lo que una vez fue sigue dejando su huella.

Castillos góticos y los fantasmas que los habitan

Cuando se piensa en la Edad Media, es casi automático imaginar el castillo como el símbolo arquitectónico por excelencia, un lugar que la narrativa ha transfigurado en un espacio habitado por misterios, leyendas y fantasmas. A partir de la novela gótica, el castillo se convirtió en el lugar arquetípico ideal para albergar lo sobrenatural. Un ejemplo paradigmático es *El castillo de Otranto* de Horace Walpole, que introdujo un imaginario lleno de torres derruidas, pasajes secretos, trampas y leyendas oscuras; como ya se ha dicho, esta obra es considerada la primera verdadera novela gótica. Este modelo se arraigó firmemente en la narrativa posterior, convirtiéndose en una constante tanto en las novelas góticas como en las obras de fantasía. La corriente cultural del Romanticismo dio un impulso adicional al encanto de la Edad Media, con leyendas y relatos misteriosos cargados de pasión. La imagen del castillo como un lugar aislado, en simbiosis con la naturaleza salvaje, era un símbolo del alejamiento de la modernidad, algo muy apreciado por los románticos. Castillos como el de Bran en Rumanía, asociado a Drácula, o Neuschwanstein en Baviera, símbolo del medievalismo decimonónico, fueron protagonistas de historias góticas y sujetos de una arquitectura neogótica que, como en el caso de la villa Strawberry Hill de Walpole o el Castillo de Pierrefonds, combinaba realidad y fantasía. Aún hoy, el imaginario gótico ligado a castillos encantados mantiene intacto su atractivo, pues representan lugares que, a pesar de ser espeluznantes, siguen ejerciendo una atracción irresistible. El cine, por su parte, ha encontrado una dimensión visual capaz de amplificar este encanto. *Nosferatu*, de Murnau, y *Drácula, de Bram Stoker*, de Coppola, han inmortalizado el castillo y sus presencias como materia viva. En la película de 1961 *The Innocents*, inspirada en *Otra vuelta de tuerca* de Henry James, la gran casa, prácticamente un castillo, se convierte en sí misma en un ente fantasmal gracias al magistral uso de luces y sombras. Un castillo sin un fantasma no es un verdadero castillo, como nos recuerda el gran salón de Hogwarts, en la saga de *Harry Potter*, capaz de albergar a jóvenes brujas, magos y fantasmas sin cabeza.

ALGUNOS TÍTULOS PARA TU BIBLIOTECA GÓTICA

1. *La maldición de Hill House* de Shirley Jackson – Una obra maestra sobre casas encantadas y quienes las habitan o las han habitado.
2. *Siempre hemos vivido en el castillo* de Shirley Jackson – Merricat y Constance, y su casa en la Luna.
3. *Frankenstein* de Mary Shelley – Imprescindible: el monstruo más famoso de todos los monstruos.
4. *La casa de los espíritus* de Isabel Allende – Una novela gótica impregnada de realismo mágico.
5. *Carmilla* de Sheridan Le Fanu – Una de las primeras historias de vampiros, con una vampiresa sensual.
6. *El papel pintado amarillo* de Charlotte Perkins Gilman – Una crítica social disfrazada de horror psicológico.
7. *La cámara sangrienta* de Angela Carter – Una colección de cuentos de hadas góticos reescritos en clave subversiva, y sí, incluye *Caperucita Roja*.
8. *It* de Stephen King – Miedo, memoria y amistad en una de las novelas más aterradoras y simbólicas jamás escritas.
9. *Drácula* de Bram Stoker – El libro imprescindible sobre el vampiro romántico.
10. *Cumbres Borrascosas* de Emily Brontë – Aquí conocerás a la heroína gótica por excelencia, en una historia de amor, páramos tormentosos y fantasmas.

CAPÍTULO 3

AMAR LA SOLEDAD NO SIGNIFICA ESTAR SOLO

Paso mucho tiempo con las plantas. Mi casa está en medio de un bosque, rodeada de castaños y robles. Desde la ventana de mi estudio, observo un gran castaño que se mece con el viento, dominando un cedro blanco que crece más abajo. En el alféizar, la satureja, el tomillo y el cilantro me hacen compañía. La gata duerme en su cesta, la tetera murmura en la estufa de leña. La soledad, para mí, está hecha de estas presencias. Una soledad que nunca es vacía, nunca realmente silenciosa. A medida que fui creciendo, aprendí que no hay que temerla. De hecho, descubrí que es posible amarla. Pasar tiempo en soledad es una forma de crear un vínculo profundo con la naturaleza que nos rodea y, a través de ella, con el mundo. Nunca estamos verdaderamente solos cuando aprendemos a escuchar. Hablar con una planta, acariciar un animal, prestar atención: todo esto nos enseña que la soledad no es una ausencia, sino una presencia más íntima, un diálogo y una conexión con lo que nos rodea. En este capítulo exploraremos cómo esta conexión, que parece tan pequeña, puede transformarse en algo grande. Porque amar la soledad no significa aislarse, sino redescubrir la confianza en el mundo que habitamos y en los demás seres vivos que lo pueblan.

Hechizos de protección de tu espacio sagrado

El hogar es un refugio, un lugar donde podemos recargar energía, donde encontramos espacio y tiempo para nosotros mismos. Es un sitio seguro, protegido, y así debe mantenerse. Sabidurías ancestrales como el *feng shui* destacan la importancia de la disposición de las habitaciones, los objetos y los materiales dentro de nuestras casas; la brujería, y en particular la brujería gótica, también puede enseñarnos mucho sobre la protección y la eliminación de energías negativas. En el imaginario gótico, a menudo encontramos fantasmas, espíritus u otras entidades que habitan o acechan casas y castillos. A veces son metáforas del pasado, recuerdos que no queremos abandonar, polvo del que, necesariamente, debemos deshacernos. Nuestras casas también pueden ser protegidas a través de la magia: veamos cómo. La «botella de la bruja» es un objeto mágico que puede elaborarse para proteger la casa y, en general, cualquier espacio en el que queramos habitar. Se necesita una botella de vidrio, que se llenará con agujas de romero junto con alfileres y clavos. Una vez llena, se le añade vino tinto. Mientras realizamos este proceso, debemos visualizar nuestra casa protegida y a salvo. Al finalizar, sellamos la botella con un tapón cubierto de cera y la enterramos en el punto más alejado del jardín, o bien la mantenemos bien escondida dentro de casa. Las *gárgolas* pueden inspirar un método de protección para nuestras casas: así como en la Edad Media se colocaban figuras aterradoras —quimeras, grifos, dragones o demonios— en los tejados de las iglesias para alejar amenazas demoníacas, del mismo modo podemos colocar esculturas de leones, lobos u otros animales en la entrada de nuestras viviendas. Si decidimos poner una estatua de este tipo, podemos imaginar y visualizar al animal cobrando vida, protegiendo nuestro espacio sagrado: un dragón con sus grandes alas desplegadas, un león de fuego que impide el paso de lo negativo.

Hechizos de relajación y recarga energética

No es casualidad que la figura de la bruja sea a menudo representada como solitaria: los cuentos de hadas nos enseñan que aquellos que viven en soledad suelen estar conectados con el poder interior y la transformación. Vivir momentos de relajación, cuando la vida cotidiana parece no dar tregua, es necesario. Es en estos instantes cuando la magia del vacío, del soltar, de los encantamientos amables, nos llama de regreso a casa. No para escapar de la vida diaria, sino para volver a una respiración más profunda, a un ritmo más humano, a nuestra energía original.

Hechizos de relajación

Hay momentos en los que la mente, el alma y el cuerpo sólo piden una cosa: soltar aquello que pesa. Los encantamientos de relajación son sencillos y poderosos, capaces de disolver tensiones y crear espacio, un vacío fértil. La respiración es nuestra primera forma de magia, es lo que nos permite vivir, lo primero que aprendemos a hacer en cuanto llegamos al mundo. Cuando todo parezca demasiado, detente en un lugar tranquilo, cierra los ojos e inhala lentamente por la nariz, imaginando que absorbes una luz dorada que te calienta por dentro. Retén el aire por unos instantes, dejando que esta luz se expanda a cada rincón de tu cuerpo. Luego, exhala por la boca, visualizando una niebla oscura que se disuelve en el aire, llevándose toda tensión. Repite este ejercicio siete veces y, al final, pronuncia en voz baja o en tu interior: «Dejo ir lo que ya no me sirve. Aquí encuentro calma y ligereza». El agua también puede convertirse en una aliada poderosa para liberarte de las energías pesadas. Llenar una bañera con sales naturales, unas gotas de aceite esencial de lavanda o naranja, y añadir pétalos de rosa o ramitas de romero transforma un baño simple en un momento ritual. Sumérgete en el agua, cierra los ojos e imagina que el

agua se lleva todas las tensiones, dejando sólo una sensación de paz. Si prefieres una ducha, deja que el agua fluya sobre tu cuerpo y acompaña el gesto con este pensamiento: «Así como el agua fluye, todo lo que me pesa se aleja. Sólo queda la ligereza». La tierra, con su energía estable y acogedora, también puede ayudarte a descargar energías pesadas.

Caminar descalzo sobre el césped, apoyar las manos en el tronco de un árbol o simplemente tocar el suelo favorece la conexión con la tierra y la estabilidad energética. Si no tienes acceso a la naturaleza, sostén una pequeña piedra o un puñado de tierra en tus manos y concéntrate en la idea de que está absorbiendo toda tensión acumulada.

Cuando sientas que te has liberado de lo que pesaba, devuelve la tierra al suelo y susurra: «A la tierra entrego lo que no necesito, me arraigo y me centro». Una vez recuperada una energía ligera y renovada, es el momento de despertar la energía más profunda y reconectarte con lo que te nutre. Los encantamientos de recarga energética son pequeños rituales que reavivan la fuerza y traen de vuelta la luz a nuestro interior.

Hechizos de recarga energética

La luz porta una energía regeneradora. Encuentra un momento para dejar que la luz del Sol acaricie tu rostro, cierra los ojos e imagina que entra a través de tu piel, nutriendo cada célula de tu cuerpo. Si estás en interiores, enciende una vela y observa la llama danzar, dejando que su calor te infunda vitalidad. Piensa en esta luz como una aliada y susurra: «La luz me nutre, la luz me regenera. Soy fuerte, soy vital». La Luna también puede recargarnos, de un modo más sutil y sereno.

En noches de Luna llena, busca un lugar tranquilo, preferiblemente cerca de una ventana abierta o al aire libre. Enciende una vela blanca y coloca un cristal transparente, como el cuarzo, de manera que capture los reflejos lunares. Cierra los ojos e imagina que el resplandor de la Luna desciende sobre ti, llenándote de una energía fresca y profunda.

Susurra: «Así como la Luna crece, con ella crece mi fuerza. Así como su luz brilla, así brillo yo». Deja que la vela se consuma por completo o apágala con gratitud. Las flores nocturnas, como la ipomea o el jazmín nocturno, son una expresión poética de la energía delicada y vital. Toma una flor o usa algunos pétalos secos y colócalos sobre tu pecho mientras te recuestas en un lugar tranquilo. Inhala su aroma o imagina que estás en un jardín bajo la Luna. Visualiza la energía de la flor envolviéndote en una espiral danzante. Susurra: «La noche me nutre, el perfume me guía. Aquí recupero mi poder». Para recargarte a tu propio ritmo, puedes preparar una infusión con cuidado y atención. Elige hierbas como romero, menta o manzanilla, y mientras el agua se calienta, concéntrate en la intención de nutrir tu mente, cuerpo y alma. Remueve la infusión lentamente con movimientos en el sentido de las agujas del reloj y pronuncia: «Éste es mi tiempo, éste es mi espacio». Bebe despacio, saboreando cada sorbo, permitiendo que la voz de las plantas te reconecte con tu energía natural.

Hechizos para la quietud

La quietud es como la nieve: repentina, suave, envolvente. En la quietud podemos encontrar nuestro tiempo, calmar los pensamientos, soñar con los ojos abiertos. En este espacio de paz pueden nacer ideas brillantes, cobrar vida deseos o simplemente podemos concedernos descanso, aprendiendo de la nieve y de los gatos.

He aquí algunas ideas para celebrar o recuperar la quietud.

Busca una pluma negra, ligera y suave. Por la noche, siéntate junto a una vela encendida y deja que su luz ilumine tenuemente la habitación. Pasa la pluma por tus manos, tus hombros, tu rostro, como si acariciaras tus pensamientos. Imagina que se lleva toda tensión, permitiendo que cada nudo se deshaga. Cuando sientas que tu respiración se vuelve más pausada, coloca la pluma junto a tu cama y susurra: «La noche me acuna, la quietud me protege».

Prepara una taza de chocolate caliente con una pizca de canela. Usa una taza oscura o una que te guste especialmente, y siéntate en silencio. Mientras el vapor asciende, acerca tu rostro y observa su movimiento suave, dejando que tu mirada se pierda en las volutas de humo. Cada sorbo es un gesto de cuidado: imagina que el calor entra en tu cuerpo, disipando tensiones. Pronuncia en tu interior: «Cada sorbo me centra, cada sorbo me calma, cada sorbo es raíz de paz».

Antes de dormir, enciende una vela y toma una pequeña campana o una taza de cerámica. Haz sonar tres golpes lentos, como un llamado a la calma. Tras cada sonido, inhala profundamente, retén el aire un instante y exhala con lentitud, como una ola que va y viene. Al terminar, coloca la campana junto a la cama y susurra: «En el sonido encuentro quietud, en el silencio descanso».

La quietud no tiene prisa. Se revela en los gestos lentos, en los detalles ocultos. Celebrar la quietud es abrazar nuestro propio tiempo y concedernos el derecho de existir, sin hacer ruido. Es un acto profundamente mágico.

ENCUENTRA TU HECHIZO

Crear tu propio encantamiento es una forma de poner en práctica la imaginación, la poesía y la magia. Sigue estos pasos para inventar tu hechizo personal y recuerda: la magia está en todas partes.

Define tu intención

Antes que nada, ¿qué deseas? ¿Buscas protección, sanación, amor o claridad? ¿O necesitas soltar algo que te retiene?

Escribe tu intención como una afirmación positiva y clara.

Ejemplos:

- Acojo mi sombra y la transformo en fuerza.
- Llevo luz a la oscuridad y dejo ir el miedo.

Elige un símbolo evocador

Encuentra un objeto que represente tu intención:

- Una pluma para la ligereza del alma.
- Un espejo para reflejar la verdad oculta.
- Una vela para iluminar tu interior.
- Una piedra o un cristal para el enraizamiento o la protección.

Conéctate con el símbolo elegido, sosteniéndolo en tus manos y explorándolo con atención.

Escribe tus palabras mágicas

Compón una frase breve y poderosa, como un mantra o una oración. Las palabras tienen poder: ya sea susurrándolas o diciéndolas en voz alta, deben resonar con tu alma.

Ejemplos:

- Con esta vela, abro puertas invisibles y disipo las sombras.
- Que la luz me guíe y la noche me proteja.

Escribe tu encantamiento en un papel y, si lo deseas, decóralo con símbolos o dibujos personales.

Activa tu hechizo

Encuentra un momento de calma, enciende una vela o quema un poco de incienso.

Toca tu objeto mientras pronuncias las palabras de tu encantamiento.

Repítelo tres veces, dejando que el sonido de las palabras se expanda como una onda.

Lleva contigo tu poder

Guarda tu amuleto cerca o en un lugar seguro. Usa el encantamiento siempre que necesites reconectar con tu poder personal o fortalecer tu energía.

CAPÍTULO 4

ODIO EL VERANO: EL CLIMA COMO ICONO GÓTICO

Incluso el verano posee su oscuridad. A pesar de las largas horas de luz, esta estación alberga tormentas, bosques sombríos donde crecen hongos. El verano, con toda su energía luminosa, puede esconder una realidad más oculta, una gemela silenciosa que a menudo ignoramos. El término *summertime sadness* se hizo famoso gracias a la balada de Lana Del Rey, pero la tristeza estival siempre ha sido parte de la experiencia humana. Incluso el trastorno afectivo estacional (SAD, en inglés) puede manifestarse en verano. Es normal que, en el pico luminoso del *yang* estival, se cuele un punto de *yin*, el lado oscuro que equilibra. Lo que hace difícil el verano es la expectativa de sentirnos tan radiantes por dentro como lo es el clima afuera. Los contrastes se intensifican: por un lado, la luz brillante y las fiestas; por el otro, la realidad de lo que podemos sentir, como la ansiedad, tristeza. Cuando nuestras emociones no coinciden con lo que esperábamos, el peso parece duplicarse. Sin embargo, es normal sentir melancolía, incluso cuando brilla el sol. La lluvia, las tormentas y la niebla son elementos del lenguaje gótico, fenómenos que encajan bien con las emociones descritas anteriormente. Exploremos juntos su simbología.

Simbología y magia de la lluvia

En la literatura gótica, la lluvia adquiere un papel simbólico que amplifica emociones, evoca lo sobrenatural y sumerge a los personajes en la experiencia de lo sublime.

A finales del siglo XVIII, el filósofo Edmund Burke definió lo sublime como una sensación generada por la oscuridad, la inmensidad y el peligro. La lluvia, con su incesante golpeteo contra las ventanas, su luz incierta y su capacidad de transformar paisajes familiares en escenarios inquietantes, es una expresión completa de lo sublime. En la literatura gótica, la lluvia a menudo acompaña eventos sobrenaturales.

En *El castillo de Otranto*, una tormenta anuncia la aparición espectral que altera el curso de la historia; aquí, la combinación de lluvia y viento dificulta percibir la realidad tal como es, haciendo que lo natural parezca sobrenatural. Ann Radcliffe, en *Los misterios de Udolfo*, usa la lluvia como catalizador emocional. La protagonista, Emily, experimenta el paisaje bajo la lluvia como una extensión de sus sentimientos. Las gotas de agua se mezclan con sus lágrimas, la tormenta sobrepasa sus pensamientos: todo contribuye a intensificar su experiencia. En *Cumbres Borrascosas*, la lluvia acompaña decisiones cruciales de los personajes. Cuando Heathcliff huye tras escuchar a Catherine hablar de él, la tormenta exterior resuena con lo que siente en su interior.

La conexión entre la naturaleza y los estados emocionales se manifiesta con fuerza en estos momentos. Desde un punto de vista mágico, la lluvia es símbolo de fertilidad, tanto material como espiritual. Representa las influencias celestiales que fecundan la tierra y dan vida. Estos significados pueden encontrarse en rituales agrícolas y religiosos de muchas culturas. En la antigua Mesopotamia, por ejemplo, la lluvia era invocada en rituales de fertilidad para impregnar la tierra con vida. La tormenta, con su combinación de agua y fuego en forma de relámpagos, simboliza tanto la purificación como la transformación, atributos del elemento del fuego. En muchas culturas, como por ejemplo la maya, la lluvia está simbólicamente asociada con la vida y la sangre, y conecta así el agua con la savia y los fluidos vitales.

Simbología y magia de la niebla

La niebla es un elemento transformador que genera ambigüedad, misterio y atmósfera. La niebla oculta y difumina, evoca memorias, historias inconclusas y sugerencias sobrenaturales. Su impacto es tanto físico como cultural: altera la percepción visual y carga los lugares de significados ligados al pasado, a la historia y a lo no dicho. Espectros, fantasmas y apariciones son a menudo compañeros de la niebla. Freud la incluye dentro de los ejemplos de «lo *unheimlich*», lo inquietante, subrayando cómo, en su presencia, algo familiar puede volverse de repente extraño. Esta conexión entre la niebla y la dimensión de lo perturbador está muy presente en la literatura gótica, donde la bruma intensifica el misterio y la ambigüedad de los paisajes. Un ejemplo narrativo significativo se encuentra en la película *Los otros* (*The Others*). La protagonista, en su intento de abandonar la gran mansión en la que vive, se adentra en la niebla. La bruma se convierte en una barrera impenetrable, un límite simbólico vinculado a secretos y verdades ocultas. En este contexto, representa también el estado psicológico de los personajes, atrapados en un pasado que no logran superar. En la novela *Las nieblas de Avalón* de Marion Zimmer Bradley, la niebla tiene una función simbólica de frontera entre el mundo ordinario y el reino mágico de Avalón. Este velo natural separa lo sagrado de lo profano y atravesarlo requiere un acto de fe o de conciencia espiritual. Aquí, la niebla es un elemento de protección y transformación, que marca el paso hacia un lugar de poder y conocimiento. Desde el punto de vista mágico, la niebla es un símbolo de transición y de frontera. Es un portal entre mundos, un espacio intermedio donde lo visible y lo invisible se rozan. En las tradiciones esotéricas, como la neopagana, la niebla está asociada al misterio y al poder de ocultar y revelar. Es transformación en el paso de un estado a otro. Este simbolismo se entrelaza con la idea de atmósferas que traen a la luz historias olvidadas o sin resolver, haciendo de la niebla un elemento narrativo y mágico capaz de evocar emociones profundas y tensiones latentes.

Simbología y magia de la tormenta

Los páramos de *Cumbres Borrascosas*, el castillo de *Drácula* y muchos otros escenarios icónicos del gótico son a menudo testigos de tormentas violentas que traen consigo revelaciones, agitaciones emocionales y apariciones dentro de la historia. Basta pensar en *Frankenstein* y su criatura, cuya imagen está inconfundiblemente ligada a los relámpagos y la electricidad que lo anima. Como ocurre con otros fenómenos naturales mencionados en este capítulo, la tormenta está estrechamente ligada a los sentimientos de los personajes que habitan las narraciones góticas. La naturaleza del amor salvaje y destructivo entre Catherine y Heathcliff, en la novela de Emily Brontë, se amplifica a través del lenguaje del clima. La primera aparición del fantasma de Catherine ocurre precisamente en una noche de tormenta intensa. Las tormentas, tanto en la literatura gótica como en las tradiciones populares, conllevan significados simbólicos profundos. Estos eventos atmosféricos, sobre todo en verano, eran vistos como manifestaciones de una naturaleza rebelde que debía ser aplacada o como mensajes divinos. Los rituales asociados a las tormentas, como las procesiones religiosas para invocar la lluvia o los cánticos apotropaicos para alejar el granizo, reflejaban el intento humano de controlar lo incontrolable. En el folclore y en la magia popular, las tormentas se consideran fuerzas de purificación, capaces de restablecer el equilibrio en el caos. En particular, durante el solsticio de verano, los vientos furiosos y los relámpagos representan un momento de unión entre energías opuestas, necesarias para regenerar la naturaleza y restablecer un orden perdido. Este simbolismo también se refleja en las tradiciones esotéricas del Friuli, donde figuras como los *benandanti*, hechiceros que se decía que podían controlar el clima mediante rituales y fórmulas secretas, cumplían la función de mantener la armonía entre el mundo natural y el mundo sobrenatural: dimensiones que, durante manifestaciones violentas, podían llegar a tocarse.

AGENDA: INSPIRACIONES PARA LAS CUATRO ESTACIONES

Cada época del año ofrece una atmósfera única para cultivar pensamientos, rituales y momentos de introspección. Esta agenda está diseñada para quienes aman la calma, la belleza sutil y el encanto de las sombras.

Invierno

Tema: descanso, reflexión y enraizamiento.

Atmósfera: paisajes cubiertos de nieve, velas encendidas, libros leídos bajo las mantas, chocolate caliente.

Actividades sugeridas:

- Crear un diario de sueños.
- Organizar rincones acogedores para la lectura y la escritura.
- Preparar infusiones y pociones con hierbas recolectadas durante el año.
- Plantar bulbos que florecerán en primavera.
- Pasear por la naturaleza para observar la belleza del bosque en reposo.

Reflexiones:

- ¿Qué pensamientos y deseos quieres dejar atrás con la vieja estación?
- ¿Qué sueños quieres nutrir mientras el mundo duerme?

Primavera

Tema: nuevos comienzos, crecimiento y magia en flor.

Atmósfera: niebla matutina, flores silvestres y el primer calor del Sol derritiendo el hielo.

Actividades sugeridas:

- Plantar semillas y hierbas aromáticas en el jardín o en macetas.
- Crear un altar natural con piedras, semillas, ramitas y flores recogidas en paseos.
- Escribir cartas simbólicas para soltar lo viejo y recibir lo nuevo.

- Decorar espacios con guirnaldas de flores y símbolos de fertilidad y renacimiento.
- Pasear por la naturaleza para observar los primeros brotes.

Reflexiones:

- ¿Qué hábitos quieres cultivar para crecer en armonía?
- ¿Qué nuevas experiencias deseas hacer florecer?

Verano

Tema: expansión, energía y descubrimiento.
Atmósfera: noches estrelladas, cielos ardientes al atardecer y el aroma de la tierra caliente.
Actividades sugeridas:

- Preparar infusiones frías y cócteles inspirados en la naturaleza.
- Organizar reuniones íntimas bajo la luz de la Luna.
- Recolectar hierbas silvestres para secarlas o hacer saquitos protectores.
- Leer libros góticos y de terror durante las vacaciones.
- Visitar lugares misteriosos como castillos, ruinas o bosques.

Reflexiones:

- ¿Qué pasiones quieres alimentar?
- ¿Qué deseos quieres explorar sin miedo?

Otoño

Tema: cosecha, cambio y misterio.
Atmósfera: hojas crujientes, aire fresco, calabazas y manzanas recién caídas del árbol, pasteles con aroma a canela.
Actividades sugeridas:

- Crear pociones y tinturas con hierbas recolectadas en verano.
- Decorar la casa con velas, calabazas y símbolos otoñales.
- Preparar una lista de películas de terror para ver en las noches más oscuras.
- Escribir cartas a los antepasados o reflexiones sobre lo vivido.
- Pasear por el bosque para recoger hojas, bellotas y pequeños tesoros naturales.

Reflexiones:

- ¿Qué quieres dejar ir mientras el año se cierra?
- ¿Qué partes de ti estás transformando?

CAPÍTULO 5

✣✣✣

VER MÁS ALLÁ DE LO VISIBLE: ADIVINACIÓN, SUEÑOS, INTUICIÓN

Existe todo un mundo invisible, allí, más allá del límite de lo visible. Está en los movimientos silenciosos de las células, en el brote que cada día crece un milímetro; se esconde en el espacio vacío, en el reflejo de un espejo, en el recuerdo de algo —o alguien— que ya no está. Los sueños nos hablan a través de la imaginación: aquí también entramos en un territorio inmaterial, invisible y sin embargo presente, a veces casi más real que aquello a lo que llamamos realidad. Lo mismo ocurre con la adivinación. Runas, Tarot, I Ching, hasta la lectura de la mano o los posos del café, son lenguajes intuitivos, herramientas para descifrar la realidad a través de lo que no se ve, pero se siente: nuestra intuición. Entrenarla, mantenernos abiertos a las percepciones sutiles, es fundamental para captar la tridimensionalidad y la complejidad de las cosas. Descubrir que la realidad se compone de capas y niveles diferentes es un regalo precioso, que nos enseña a vivirla con mayor profundidad y conciencia.

XIII
XVIII
XIX

Estudio y práctica de la adivinación

La práctica de la adivinación surge en las culturas más antiguas, cuando el ser humano intentaba interpretar los signos del mundo natural para conectar con lo divino o comprender su propio destino. Los antiguos egipcios estudiaban el movimiento de las estrellas e interpretaban los sueños como mensajes sagrados; los griegos consultaban el oráculo de Delfos, donde la Pitia pronunciaba enigmáticas profecías; los romanos observaban el vuelo de los pájaros y los presagios en los fenómenos atmosféricos. Un ejemplo significativo se encuentra en los Tarots, que aparecieron en el siglo XV como mazos de juego, pero que pronto adquirieron un papel esotérico. El ser humano siempre ha tenido la necesidad de conocer, de descubrir qué le depara el futuro y de comprender a fondo sus intuiciones. La adivinación responde a esta necesidad, relacionando el símbolo, ya sea un arcano, la forma dejada por los posos del café o el vuelo de los pájaros, con un significado que puede ser una respuesta a una pregunta personal o colectiva. Carl Gustav Jung, padre del psicoanálisis, conceptualizó los Tarots como arquetipos estrechamente conectados con la psique humana. Las figuras se convierten en un alfabeto alternativo para descifrar significados en nuestro interior, para hacerlos resonar en el entorno que nos rodea, en nuestras relaciones y en la vida cotidiana. Las Runas, procedentes de las antiguas tradiciones nórdicas, son otro ejemplo de simbolismo evocador. Cada runa es una combinación de sonido, forma y significado, vinculada a fuerzas naturales y espirituales. Su estética austera y arcana encaja perfectamente con la atmósfera gótica: evocan imágenes de bosques oscuros, tormentas y antiguos presagios. La adivinación es, ante todo, un viaje interior: el futuro sigue estando en nuestras manos y conocer el presente a través de nuestra intuición se convierte en una herramienta valiosa para construir lo que vendrá de la mejor manera posible.

Uso del Tarot, Runas y cristales

Los Tarots, las Runas y los cristales nos ponen en un diálogo profundo con lo invisible. Detrás de sus formas y símbolos se oculta un lenguaje antiguo, capaz de explorar los límites entre lo que sabemos y lo que intuimos. Cada herramienta requiere escucha, presencia y apertura. Los Tarots son un mazo de historias universales, en el cual cada carta representa una etapa de un viaje muy humano y, al mismo tiempo, extraordinario, que va desde El Loco (primer arcano) hasta El Mundo (último arcano). El Loco, símbolo de los comienzos, camina hacia lo desconocido con la valentía de quien acepta el cambio; su paso no está guiado por la certeza, sino por la confianza. La Torre habla de transformaciones necesarias, La Luna invita a explorar las profundidades del inconsciente, El Mundo celebra la realización.

Cada lectura, cada símbolo, abre una puerta hacia significados más amplios.

Las Runas tienen una voz más antigua y primitiva. Según el mito, Odín se sacrificó a sí mismo para descubrir sus secretos. Permaneció colgado del Árbol del Mundo, *Yggdrasill*, durante nueve días y nueve noches, en una clara analogía con la carta de El Colgado en los Tarots. Sólo en ese estado de abandono total, las Runas se le revelaron como signos que desvelan las leyes universales. *Fehu* porta la energía de la prosperidad, *Ansuz* invoca la fuerza de la comunicación, *Hagalaz* representa el poder transformador de las tormentas.

Lanzar las Runas es descubrir las energías que se mueven bajo la superficie de las cosas: su posición, la manera en que se encuentran o se distancian, nos cuenta algo.

EL LOCO

Los cristales transmiten una energía sutil, capaz de amplificar la intuición y proteger el equilibrio interior. Trabajar con los cristales significa sintonizarse con su frecuencia, llevándolos consigo o colocándolos en espacios significativos: su energía actúa silenciosamente, pero con una fuerza que sostiene el trabajo interior y la exploración personal. También en este ámbito, cada cristal tiene su vibración, su energía y su mensaje particular. La amatista protege los sueños y el descanso, el cuarzo rosa está dedicado al amor, y así sucesivamente, según asociaciones simbólicas y de significado.

Usar estos instrumentos requiere tiempo y atención. Antes de empezar, crea un espacio íntimo y protegido, que sea sólo tuyo; encender una vela o quemar incienso puede ayudarte a entrar en un estado de escucha.

Con los Tarots, formula una pregunta sincera y baraja el mazo con intención. Al extraer las cartas, permite que las imágenes te hablen. Las Runas se lanzan con un gesto decidido y su mensaje depende tanto de su disposición como de la intuición de quien las lee. Los cristales, en cambio, acompañan el proceso: amplifican lo que sientes, protegen tu energía y sostienen el momento de reflexión.

Puedes utilizar la combinación de Tarots, Runas y cristales para dedicarte un momento de introspección, combinando sus energías.

Muy a menudo, las piedras duras y los cristales son el material elegido para fabricar los péndulos, otros instrumentos adivinatorios que vibran y giran según las energías presentes, proporcionando respuestas simples. El propósito de estos instrumentos no es ofrecer respuestas absolutas, sino más bien, el de invitar a la reflexión, a la exploración de preguntas y posibilidades. Pueden ayudarnos a leer la realidad en múltiples niveles, entrelazando intuición, símbolos y conciencia del momento presente. Los Tarots, las Runas y los cristales nos recuerdan que la realidad no se limita a lo que se ve. Exploran los silencios, amplifican las intuiciones, sugieren nuevos caminos. Son puertas hacia significados ocultos, espejos que reflejan lo que habita en nuestro interior y que resuena en el exterior, generando transformación.

Lo oculto y la capacidad de ver más allá de lo visible

En la narrativa gótica, ya sea en una novela, una película o una historia contada por la noche junto a una chimenea encendida, uno de los temas centrales es el del velo y su consiguiente revelación. La estudiosa Elizabeth Broadwell, en un ensayo dedicado al análisis de un relato de Ann Radcliffe, sostiene que el concepto de velo es fundamental y representa tanto aquello que está oculto como algo que puede ser revelado. Este simbolismo se manifiesta a través de objetos físicos como capas y velos, encajes, doseles suntuosos, terciopelos y alfombras, elementos recurrentes todos en la estética gótica que contribuyen a su atmósfera inquietante y fascinante. Si el velo simboliza lo que está escondido, la revelación nos habla de un misterio que se resuelve o que, al menos, sale a la luz. A través del juego entre ocultamiento y revelación, los escritores y escritoras góticos manipulan la percepción y la imaginación, dotando a sus narraciones de una rica profundidad simbólica. El concepto de velo y su levantamiento está también relacionado con la separación entre este mundo y el de aquellos que han partido: espíritus, fantasmas y otras entidades sobrenaturales habitan más allá del velo y sólo en ciertos momentos o bajo condiciones específicas, este velo se vuelve más delgado y permite un contacto más estrecho con otras dimensiones. La noche de Halloween, *All Hallow's Eve*, es uno de esos momentos. Otras fechas con significado similar en distintas culturas incluyen la noche de Santa Lucía, la Epifanía o la visita de Santa Claus: todas ellas representan instantes en los que es posible un contacto entre este mundo y criaturas sobrenaturales que traen regalos, cumplen deseos o incluso pueden desempeñar un papel de advertencia o castigo. El carbón que la Befana deja a los niños traviesos en Italia es un ejemplo de ello. Entrar en contacto con esta dimensión sutil es una capacidad propia de quienes son más sensibles o atentos; aquellos que se detienen a observar incluso donde parece no haber nada especial que ver.

CÓMO CREAR TU LIBRO DE SUEÑOS

Elige un cuaderno que te inspire.
Puede ser colorido, decorado con imágenes evocadoras, encuadernado en tela o muy simple. Lo importante es que te motive a escribir y se convierta en un espacio personal donde recoger tus pensamientos.

Mantén el cuaderno junto a la cama, junto con un bolígrafo o un lápiz. Si lo deseas, enciende una vela o elige un cristal para crear una atmósfera relajante antes de dormir.
Escribe todo lo que recuerdes en cuanto te despiertes. Los sueños desaparecen rápidamente después del despertar, así que anota cada detalle sin preocuparte por la gramática o la estructura. Deja que los pensamientos fluyan, como si estuvieras capturando fragmentos de otro mundo.

Presta atención a los detalles.
Describe colores, sensaciones, lugares y rostros. Observa los símbolos y emociones que emergen, anotando cómo te han hecho sentir. Si un sueño parece confuso, dibuja imágenes o diagramas que lo representen. Relee lo que has escrito después de unas semanas. Así podrás identificar temas recurrentes o símbolos específicos. Podrías descubrir patrones relacionados con emociones, deseos o miedos que se manifiestan en tus sueños.

Ponle un título a cada sueño. Asignar un nombre puede ayudarte a identificarlo mejor y a reconocer su tema principal.
Si lo deseas, decora las páginas con símbolos, dibujos o citas inspiradoras, transformando tu cuaderno en un espacio creativo y personal.

CAPÍTULO 6

DE NOCHE TODOS LOS GATOS SON PARDOS: LOS ANIMALES DE LA MAGIA GÓTICA

The Cure cantaban *All Cats Are Grey* («Todos los gatos son pardos»), una pieza melancólica en perfecto estilo *New Wave*: efectivamente, los animales también acompañan el relato gótico, así como su imaginario. Desde el cuervo o el gato negro, delineados por Edgar Allan Poe,

pasando por los murciélagos que habitan el castillo de Drácula –una de sus formas favoritas de transformación– hasta los hombres lobo o las gárgolas, que protegen las arquitecturas medievales, los animales son parte integral de esta narrativa. En este capítulo, abordaré algunos de los animales más simbólicamente característicos dentro del ámbito de la magia gótica y del gótico en general, analizándolos como presencias autónomas y significativas, seres que comparten el mundo con nosotros y que, en el contexto gótico, encarnan la conexión profunda con el misterio y lo sobrenatural. El capítulo explora estas criaturas en su complejidad, reconociéndolas como protagonistas capaces de inspirar fascinación, respeto y una reflexión sobre el vínculo entre la imaginación humana y el reino animal.

El gato negro

Figura central en el imaginario gótico, el gato negro ha sido símbolo de magia durante siglos debido a su naturaleza felina y enigmática. Asociado con la brujería en el folclore medieval, ha sido frecuentemente descrito como el familiar de las brujas. En la literatura, el gato negro más famoso es el de Edgar Allan Poe en su cuento homónimo: Plutón, un gato inicialmente muy querido, se convierte en víctima de maltrato, pues se cree que en él habita una bruja. Es asesinado, pero regresará para vengarse… y lo conseguirá. En *Carmilla* de Joseph Sheridan Le Fanu, el gato negro adquiere un nivel de complejidad adicional. Carmilla, vampira magnética y transgresora, se transforma en un gran felino negro, vinculando el instinto, lo sobrenatural y la energía primitiva. Esta metamorfosis enfatiza el límite difuso entre humano y animal, sugiriendo una fuerza que escapa al control de la racionalidad. En particular, asocia a Carmilla con el arquetipo de la «mujer salvaje», descrito por Jean Shinoda Bolen, en contraposición al poder patriarcal. En muchas culturas se cree que el gato negro puede moverse entre distintos planos de la existencia, conectando lo visible con lo oculto y protegiendo a quienes saben respetar su carácter indómito. Desde el punto de vista mágico, el gato negro es un guardián entre mundos: es un aliado espiritual capaz de canalizar energía durante los rituales y proteger los espacios sagrados. Su presencia discreta se asocia con la capacidad de transformar la energía negativa en fuerza regenerativa. El gato negro también es considerado un intérprete de energías sutiles: sus movimientos pueden ser señales para descifrar las dinámicas invisibles del entorno.

El cuervo

Desde los antiguos mitos nórdicos hasta el folclore europeo, el cuervo ha sido venerado como mensajero y guardián de la sabiduría. En la mitología escandinava, los dos cuervos de Odín, Hugin (pensamiento) y Munin (memoria), sobrevuelan el mundo, recogiendo información para su señor. De manera similar, en las tradiciones celtas, el cuervo está asociado con la diosa Morrigan, símbolo de guerra y transformación. El cuervo es el animal del umbral, capaz de moverse entre la vida y la muerte, entre la luz y la oscuridad. Es el protagonista de un poema de Edgar Allan Poe, considerado uno de los pilares de la literatura gótica: cuenta la historia de un hombre, atormentado por el dolor de la pérdida de su amada Lenore, que en una noche de diciembre busca consuelo en su soledad. Después de escuchar un misterioso golpe en la puerta y la ventana, un cuervo entra en su habitación y se posa en el busto de Atenea. El narrador, en un diálogo cada vez más desesperado con el pájaro, hace preguntas sobre su duelo y el destino del alma de Lenore, obteniendo siempre la misma respuesta: «*Nevermore*» («Nunca más»), con una cadencia rítmica y desesperada que lleva al hombre a la locura. Incluso en las representaciones más recientes de este animal, desde *The Crow*, una película de culto de los años noventa protagonizada por Brandon Lee —quien murió en el set, en un perfecto estilo gótico—, hasta Verna, un personaje enigmático que Mike Flanagan incluyó en su versión de *La caída de la casa Usher*, cuyo nombre es un anagrama de *raven* (cuervo), este ave es un emblema de mensajes que provienen de otros mundos, presagios y la capacidad de ver más allá. En las tradiciones mágicas y espirituales, el cuervo es a menudo visto como un mensajero entre mundos, una guía que aporta conciencia y sabiduría. Como animal totémico, representa el misterio y la capacidad de ver más allá de las apariencias, guiando a quien lo invoca a través de momentos de transición o crisis.

El búho

Hedwig, la lechuza blanca de *Harry Potter*, surca los cielos nocturnos. Fiel compañera del joven mago, es símbolo de sabiduría, capaz de ver incluso donde la oscuridad es más profunda. El búho es un ave rapaz: además de su simbolismo clásico, que lo vincula a la sabiduría de Atenea, hija de Zeus y arquetipo de inteligencia, estrategia y claridad, también es un cazador, capaz de dirigirse directamente hacia su presa. En la cultura anglosajona, el búho está relacionado con cierta inquietud. En la serie de televisión *Twin Peaks* de David Lynch, la frase «Los búhos no son lo que parecen» alude a algo oculto bajo la superficie. Su mirada fija y su capacidad de moverse sin hacer ruido los convierten en observadores inquietantes, capaces de revelar secretos escondidos.

El término latino *strix*, de donde proviene la palabra lechuza, revela mucho sobre el vínculo entre estas aves y la brujería. En la antigua Roma, *strix* era el nombre dado a criaturas nocturnas, consideradas brujas mutantes, capaces de adoptar la apariencia de un ave rapaz para realizar hechizos y absorber la fuerza vital de los niños. Esta combinación de simbolismos ha contribuido a arraigar a la lechuza en el imaginario colectivo como una figura mágica. La lechuza y el búho, figuras ambivalentes en el folclore, evocan la inquietud de la noche y el encanto del conocimiento oculto. Temidos como mensajeros de desgracia, al mismo tiempo fueron venerados como videntes y símbolos de poderes ocultos, guardianes de misterios y visiones mágicas. En el folclore europeo, la lechuza era considerada un presagio de muerte, su canto nocturno un anuncio siniestro que resonaba como una advertencia del más allá. El búho, con su mirada penetrante y su presencia silenciosa, se asociaba en cambio con la sabiduría prohibida y las artes adivinatorias, convirtiéndose en un puente entre el mundo terrenal y el ultraterreno.

El murciélago

Entre todas las criaturas asociadas con el gótico, el murciélago es quizás la más enigmática: es un habitante de las tinieblas, reacio a la luz del Sol. Durante el día duerme colgado boca abajo, al igual que El Colgado en la carta del Tarot. Se comunica a través de un sonar y es el único mamífero volador. Escondidos en las profundidades de cuevas, áticos o castillos en ruinas, los murciélagos son guardianes del umbral entre la luz y la oscuridad. En la tradición gótica, esta ambigüedad adquiere relevancia narrativa Antiguas leyendas cuentan que los murciélagos son espíritus malditos, criaturas nacidas de la unión entre el diablo y la propia naturaleza. Se dice que traen mensajes de los mundos ultraterrenos o que acompañan a las brujas en sus vuelos nocturnos. El murciélago ha sido fuente de inspiración durante siglos: también los encontramos en las catedrales góticas, en las gárgolas, donde sus alas se alzan, como una advertencia hacia el cielo. Un ejemplo extraordinario de representación del murciélago en el cine es la película *Nosferatu* de Friedrich Wilhelm Murnau (1922). Esta obra maestra del cine expresionista alemán traduce visualmente la esencia del vampiro a través de la imagen del conde Orlok, un ser similar a un murciélago humanoide. Sus garras, sus orejas puntiagudas y su forma de moverse recuerdan al animal nocturno por excelencia. Con el tiempo, el murciélago ha adquirido un papel icónico también en la cultura pop: basta pensar en *Batman*, el caballero oscuro, que ilumina también el lado protector y salvador de este animal. Aun así, los murciélagos suelen ser víctimas de estereotipos negativos: este imaginario se ha visto amplificado también por las epidemias, de las cuales pueden ser portadores, convirtiéndolos en chivos expiatorios. En realidad, los murciélagos son esenciales para los ecosistemas: controlan las poblaciones de insectos nocivos, polinizan plantas y dispersan semillas, contribuyendo a mantener el equilibrio de la naturaleza. Su doble naturaleza —seres misteriosos y guardianes del equilibrio natural— los convierte en protagonistas perfectos del gótico: son criaturas que nos desafían a mirar más allá de nuestros miedos y a reconocer el valor de lo desconocido.

El lobo

El lobo es el animal salvaje más cercano al ser humano. Es capaz de cruzar los límites entre el bosque salvaje y el pueblo civilizado y representa una amenaza pero también una gran inspiración, gracias al encanto ligado a su espíritu indómito. La transformación de Licaón en lobo, narrada por Ovidio, marca el origen del mito del hombre lobo, figura gótica por excelencia, símbolo de la pérdida de control y de la fusión entre lo humano y lo bestial. Este arquetipo, que hunde sus raíces en la mitología y en las supersticiones medievales, encarna el terror a la metamorfosis incontrolada, en la que la racionalidad humana es superada por la violencia animal. En las noches de Luna llena, el licántropo se convierte en el emblema de la oscuridad que se esconde en el alma humana, un tema central en la literatura y en el folclore gótico. Un ejemplo cinematográfico memorable es *El hombre lobo* (1941), donde el protagonista lucha con su propia naturaleza bestial en un crescendo de horror y tragedia, definiendo los cánones del licántropo moderno. El lobo es una presencia central en los cuentos de hadas, donde puede ser un monstruo o un agente de transformación e iniciación. En *Caperucita Roja*, el lobo encarna el peligro y la seducción: es el depredador que amenaza a la protagonista y la conduce fuera del camino seguro, pero al mismo tiempo es una figura de límite entre el mundo infantil y el adulto. El cuento, con sus variantes a lo largo de los siglos, sugiere la complejidad de la relación entre la humanidad y el instinto salvaje. En la película *The Company of Wolves* (1984), dirigida por Neil Jordan, este cuento se reinterpreta en clave gótica y psicoanalítica, donde se exploran los deseos y el *coming of age* de la protagonista, que de niña se convierte en joven mujer. Aquí el lobo representa la amenaza y el paso a la edad adulta, el enfrentamiento con el deseo y la aceptación de su propia naturaleza ambivalente. El lobo sigue recordándonos que lo salvaje, tanto dentro como fuera de nosotros, no está nunca completamente domesticado.

¿QUÉ ANIMAL VIVE EN TI?

¿A quién te pareces más, a un gato acurrucado sobre un cojín o a un lobo bajo la Luna llena? ¡Descúbrelo con este test!

1) ¿Dónde te sentirías más en casa?

A. En un hogar acogedor, frente al fuego de una chimenea.
B. Entre las ramas de un árbol, observando el mundo desde lo alto.
C. En el bosque, en contacto con la naturaleza salvaje.
D. En un castillo, escondido entre sombras y pasadizos secretos.
E. Sobre un tejado iluminado por la Luna, listo para deslizarte en la oscuridad.

2) ¿Cómo afrontas el peligro?

A. Observas atentamente antes de moverte y esperas el momento adecuado.
B. Levantas la mirada y evalúas la situación desde arriba: necesitas ver el panorama completo.
C. Te dejas guiar por tu instinto y enfrentas todo con valentía.
D. Te mueves silenciosamente en la sombra, sin llamar la atención.
E. Desafías el miedo volando más allá de los límites conocidos.

3) ¿Qué elemento natural te atrae más?

A. La tierra, misteriosa y estable.
B. El viento, libre e impredecible.
C. El bosque, oscuro y protector.
D. La noche, profunda e infinita.
E. La Luna, luminosa pero distante.

4) ¿Qué cualidad te representa mejor?

A. Inteligencia e independencia.
B. Sabiduría y capacidad de observar cada detalle.
C. Fuerza y lealtad.
D. Misterio y silencio.
E. Audacia y libertad.

5) **¿Cómo te gusta pasar el tiempo?**

A. Reflexionando y planificando en el silencio de tu habitación.
B. Observando el mundo desde la distancia y recopilando información.
C. Caminando bajo la Luna, siguiendo senderos ocultos.
D. Explorando lugares abandonados y cargados de historia.
E. Volando entre sombras y dejando que la noche te guíe.

MAYORÍA DE A: Gato negro

Eres elegante e independiente, te guías por tu intuición. Vives con gracia y observas el mundo con agudeza, dejando que tu presencia escape a las definiciones. Te gusta el silencio, las historias misteriosas y dormir frente al fuego.

MAYORÍA DE B: Búho

Eres una guía para quienes buscan respuestas: ves más allá de la apariencia, tienes una mirada lúcida e irónica sobre el mundo. Estás conectado con la noche y demuestras una gran sabiduría.

MAYORÍA DE C: Lobo

Fuerte y leal, eres un protector de tu círculo. Te mueves con seguridad entre la luz y la sombra, siguiendo el instinto y encontrando fortaleza tanto en la manada como en la soledad. Estás profundamente conectado con la naturaleza salvaje de las cosas.

MAYORÍA DE D: Murciélago

Amas el misterio y revelas poco de ti, especialmente al principio. Eres un viajero nocturno y encuentras consuelo en los espacios ocultos. Tu capacidad de observar las cosas desde un punto de vista diferente es tu mayor fortaleza.

MAYORÍA DE E: Cuervo

Inteligente y audaz, eres un mensajero entre mundos. Con una capacidad innata de adaptarte y encontrar soluciones, eres tanto un observador como un guía, un puente entre la luz y la oscuridad. Amas la lluvia y no temes la tormenta.

CAPÍTULO 7

EL JARDÍN LUNAR

Cuando se piensa en un jardín, siempre se imagina bajo la luz del día, en cualquier estación; sin embargo, el jardín tiene su propia vida nocturna, tan poblada y vital como la diurna. Algunas flores sólo florecen de noche, a la luz de la Luna; otras, muy madrugadoras, se abren unas horas antes del amanecer. Si entras en un jardín de noche, podrás descubrir colores y reflejos inusuales. La noche, con su tiempo suspendido y su menor estimulación, se convierte en un espacio para soñar, para poner en orden nuestros pensamientos y dejar que la oscuridad nos revele sus secretos. Me gusta imaginar las flores nocturnas

como criaturas rebeldes, radicalmente anticonformistas, que se abren bajo la Luna como si retuvieran su luz. Hay algo líquido en la forma en que se abren, dejando que su fragancia se deslice en el aire como un hechizo que se disuelve antes del amanecer. Entremos juntos en el jardín lunar: quién sabe, tal vez encontremos alguna historia de hadas, de fantasmas o de sueños aún por soñar.

El jardín gótico y las flores lunares

El paisaje gótico, con sus páramos azotados por tormentas, sus bosques oscuros y sus jardines decadentes, es un territorio lunar. En particular, el jardín, un lugar suspendido entre lo doméstico y lo salvaje, expresa la tensión entre la intervención humana y la naturaleza inmaculada, libre y salvaje, al igual que el sentimiento gótico en sí mismo. El jardín encarna, en cierto modo, una contradicción, ya que intenta llevar orden y reglas al reino natural, que es tormentoso, vital, salvaje.

En los textos góticos, la naturaleza a menudo se representa como una entidad poderosa e indomable, capaz de reafirmar su supremacía sobre las construcciones humanas.

Podemos encontrarla, por ejemplo, en los jardines románticos y, sin embargo, fantasmagóricos descritos en *Otra vuelta de tuerca* de Henry James, donde la vegetación salvaje parece reflejar las perturbaciones internas de la protagonista, o en las casas encantadas cubiertas de glicina y hiedra que aparecen en los hermosos relatos de Charlotte Perkins Gilman, especialmente en la novela gótico-feminista *El papel pintado amarillo*.

Los jardines góticos representan una intervención humana sobre el caos natural, como un intento de domesticar el entorno a través de la disciplina. Sin embargo, esta imposición es frágil y constantemente amenazada por la naturaleza misma que, a través del viento, la lluvia y el abandono, reclama su propio poder natural.

Cuando el gótico se encuentra con la naturaleza, surge el *ecogothic*, una corriente contemporánea que, con una lectura crítica, destaca la relación entre la humanidad y la naturaleza. Esta perspectiva deconstruye las narrativas tradicionales de dominio humano, mostrando cómo, a menudo, el ser humano abusa de la naturaleza, alterando su equilibrio y comportándose sin respeto, lo cual desencadena fuerzas naturales aterradoras. Esto ocurre en *El fin de los tiempos* de M. Night Shyamalan, una película en la que la naturaleza reacciona a la invasión humana a través de fenómenos letales e inexplicables. De manera similar, *Los pájaros* de Alfred Hitchcock explora la naturaleza como una fuerza caótica y violenta. Los pájaros, símbolos de libertad y armonía por su vuelo y sus cantos, se convierten en instrumentos de terror: su repentina agresividad representa el temor ancestral a una naturaleza fuera de control.

La naturaleza logra ser subversiva, invirtiendo las reglas. Las flores que sólo florecen de noche son una prueba de ello.

Estas flores, a menudo blancas, plateadas o con formas inusuales y extravagantes, están conectadas con la Luna y su simbolismo. Hablan a nuestra intuición, a la capacidad de observar las situaciones desde otro punto de vista. Son plantas secretas, misteriosas, que nos recuerdan cómo es posible florecer incluso en los períodos más difíciles.

La Luna ilumina los jardines, transformándolos en espacios de metamorfosis y sueño, refuerza el concepto de umbral y acentúa la sensación de misterio y alteridad.

Estos espacios se convierten así en lugares de encuentro con lo sobrenatural y con el inconsciente, poniéndonos en contacto con miedos latentes, recuerdos o deseos. Si entráramos en un jardín lunar, encontraríamos algunas de estas flores: la primera, *Datura stramonium*, o estramonio, se abre al caer el Sol. Históricamente asociado con rituales mágicos y chamánicos, representa el límite entre lo visible y lo invisible, entre el sueño y la pesadilla. Podríamos toparnos con la «dama de noche» (*Mirabilis jalapa*), que florece al atardecer y se cierra al amanecer. Su efímera floración nos remite a la transitoriedad de la belleza y a la naturaleza fugaz de los deseos, en perfecta sintonía con la sensibilidad gótica. Conozcamos ahora algunas de ellas más de cerca.

El jazmín nocturno

El *Cestrum nocturnum*, o jazmín nocturno, es una planta tropical perteneciente a la familia de las *Solanaceae*. Originaria de las regiones cálidas y húmedas de las Américas, se caracteriza por sus pequeñas flores tubulares de color blanco o verdoso, conocidas por su capacidad de abrirse al anochecer y difundir un aroma intenso. Esta peculiaridad la convierte en una especie fascinante tanto desde el punto de vista biológico como simbólico. A nivel botánico, es un ejemplo de adaptación evolutiva: su floración vespertina es una estrategia eficaz para atraer a polinizadores nocturnos como las polillas, lo cual nos muestra su naturaleza exquisitamente gótica. El jazmín nocturno se cultiva a menudo como planta ornamental para jardines lunares. Su capacidad para transformar un entorno gracias a su perfume hipnótico la hace especialmente apreciada. Esta flor está cargada de significados que la vinculan con el misterio, la seducción y la transformación. Su floración es una expresión de gran vitalidad que se desarrolla en el misterio de la noche. En muchas culturas, esta planta se asocia con la magia y el mundo espiritual, vista como un puente entre lo visible y lo invisible. El embriagador aroma de sus flores ha sido interpretado como un llamado sensual, utilizado en rituales para atraer el amor o para favorecer sueños proféticos. Esta conexión con lo sobrenatural la ha convertido en protagonista de leyendas relacionadas con los misterios de la noche y los poderes mágicos, utilizada como ingrediente en filtros de amor y rituales de protección. La dualidad entre luz y sombra es uno de los elementos simbólicos más fuertes ligados a ella: representa la capacidad de explorar lo que se esconde en la oscuridad y de transformar la oscuridad en un espacio de introspección. Esta flor también ha sido asociada con la feminidad y el ciclo lunar. El jazmín nocturno nos recuerda que la noche puede estar llena de sorpresas: invita a explorar lo desconocido, a apreciar los momentos de quietud y a dejarse fascinar por los aromas y misterios ocultos.

La dama de noche

Cuando era niña, un tío siempre me mostraba un libro de flores y plantas. Era algo que me encantaba mirar y una flor captaba siempre toda mi atención: la dama de noche, *Mirabilis jalapa*, también conocida como «*four o'clock flower*», es decir, la flor que se abre a las cuatro de la mañana. Esta planta es una herbácea perenne, originaria de las regiones tropicales de las Américas. Sus hojas son ovaladas, de un verde brillante, crecen de forma opuesta a lo largo de los tallos nudosos y son delicadamente aterciopeladas al tacto. Las flores se presentan en una variedad de colores vivos: rosa, amarillo, rojo y blanco, y a menudo muestran matices y vetas. Lo que hace única a la dama de noche es su capacidad para producir flores de diferentes colores en la misma planta. Esta característica le ha valido el nombre de «*mirabilis*», es decir, maravillosa, extraordinaria. Algunos ejemplares incluso pueden tener pétalos bicolores o jaspeados, creando un efecto visual casi pictórico. Las flores en forma de embudo se abren al atardecer o en las primeras horas de la noche, liberando un aroma dulce y acogedor, particularmente atractivo para las polillas nocturnas y otros insectos polinizadores. Produce semillas oscuras, rugosas y misteriosas como la propia planta; su superficie las hace parecer pequeñas pepitas negras, sugiriendo algo arcano. Sin embargo, estas semillas son venenosas si se ingieren, un detalle que añade peligro y encanto a esta flor, en perfecta consonancia con el estilo gótico. La extraordinaria floración vespertina de esta planta resuena con el folclore, simbolizando la transición del día a la noche, convirtiéndose en la esencia misma del tiempo en su ciclo diario. En algunas narraciones, se considera un símbolo de espera, y su apertura se celebra como un rito nocturno dedicado al surgimiento de la Luna. Según el lenguaje de las flores, la dama de noche significa timidez, ya que reserva la belleza de sus colores sólo a quien sabe observar en la oscuridad. Es una planta que nos invita a detenernos, a demorarnos y a mirar más allá de la apariencia, revelando su maravilla a quien tiene la paciencia de esperar el caer de la noche.

Las plantas de la bruja gótica

Algunas plantas son más lunares que otras y cada una tiene su magia. Conozcamos algunas plantas de la bruja gótica, aquellas que no pueden faltar en el jardín de quien ama esta forma de ser.

La **mandrágora** (*Mandragora officinarum*) ha sido famosa por las lecciones de herbología en Hogwarts, en la saga de formación gótica dedicada a Harry Potter, y hunde sus raíces en la leyenda. Se dice que su grito, al ser arrancada, puede matar. Sus raíces tienen forma humana, lo que la convierte en un talismán poderoso para hechizos de protección y transformación. Utilizada en rituales antiguos, es una planta tan temida como sagrada.

La **belladona** (*Atropa belladonna*): con sus bayas negras como la noche, es fascinante, misteriosa y mágica. Utilizada antaño como veneno y narcótico, también era uno de los ingredientes del «ungüento de las brujas» que, según el folclore, les permitía surcar los cielos. La belladona es una planta de poder, vinculada con el amor y la percepción de la verdad en los demás.

Vemos brillar una luz plateada entre las hojas: es la **artemisia** (*Artemisia absinthium*). Está vinculada a la Luna y a su diosa, Artemisa. Sus aceites esenciales se utilizaban para manifestar visiones y sueños proféticos. Su presencia para la bruja gótica sugiere una conexión con el mundo de los espíritus y un puente entre la realidad y el más allá.

La reina de la noche, la **datura** (*Datura stramonium*), no pasa nunca desapercibida: sus flores son grandes, blancas y colgantes. Conocida también como hierba del diablo, se utilizaba en rituales chamánicos para in-

ducir estados alterados de conciencia. Es una planta que encanta y engaña.

Si nos adentramos en los **límites** del jardín, podríamos encontrar la **ruda** (*Ruta graveolens*), símbolo de protección desde la antigüedad. Se utilizaba para ahuyentar los espíritus malignos y purificar los espacios sagrados.

En el jardín de la bruja gótica, la ruda actúa como guardiana, protegiendo las otras plantas y los secretos guardados entre sus hojas.

No puede faltar el **beleno negro** (*Hyoscyamus niger*), con sus flores pálidas y vetadas de violeta, utilizada en rituales mágicos y hechizos de amor. Contiene potentes alcaloides que la convierten en una planta vinculada a las visiones proféticas y a los rituales ocultos.

Vinculada al mundo de las hadas está la **dedalera** (*Digitalis purpurea*), con sus flores en forma de campana de color violáceo; en inglés antiguo, *Fox's glove*, «planta del Pequeño pueblo». Aunque es tóxica, también se utiliza para la sanación, especialmente de trastornos y patologías cardíacas.

Es una planta que oscila entre la vida y la muerte, perfecta para un jardín gótico.

La **salvia** (*Salvia officinalis*), asociada a la sabiduría y la longevidad, es una planta que equilibra el jardín con su capacidad de curación y protección. Utilizada en antiguos rituales de purificación, se considera un puente entre el mundo material y el espiritual, además de ser apreciada por su uso medicinal y culinario.

Junto a ésta, la **salvia blanca** (*Salvia apiana*) es considerada sagrada para los rituales de purificación. Quemada en forma de *smudge stick*, se usa para alejar las energías negativas y crear un espacio sagrado antes de las prácticas mágicas. Su aroma penetrante y su asociación con la purificación la convierten en una planta imprescindible en los rituales de la bruja gótica.

La **adormidera** (*Papaver somniferum*) está ligada al sueño y a lo onírico. Utilizada desde la antigüedad por sus propiedades sedativas y narcóticas, ya que contiene opiáceos, produce visiones oníricas y estados alterados de conciencia. Es una planta ambivalente, que ofrece tanto sanación como perdición, perfecta para hechizos de protección y rituales relacionados con la muerte y el renacimiento. Sus pétalos morados evocan el sacrificio, convirtiéndola en una presencia poderosa y simbólica.

Todas estas plantas son tóxicas, a excepción de la *Salvia officinalis*, y no deben consumirse en ninguna de sus partes.

La datura

La *Datura stramonium*, comúnmente conocida como hierba del diablo, representa un elemento clave en el imaginario simbólico y botánico del jardín gótico. Tiene una antigua historia de uso en contextos rituales y chamánicos, donde se empleaba para inducir estados alterados de conciencia y visiones proféticas. Sus componentes químicos, como la atropina y la escopolamina, le confieren a la planta potentes efectos alucinógenos y sedantes. Estas características la convirtieron en una herramienta privilegiada para exploraciones espirituales y prácticas adivinatorias, aunque el límite entre su uso ritual y su toxicidad letal siempre ha sido extremadamente delgado. Esta dualidad entre cura y veneno ha contribuido a enraizar la datura en el folclore y en la tradición esotérica. En la cultura popular, se consideraba un ingrediente esencial en los ungüentos de las brujas, al igual que la belladona. Sus propiedades psicoactivas se describían como capaces de provocar experiencias extracorpóreas, favoreciendo la percepción de ligereza y desapego de la realidad física. Sus flores blancas y perfumadas, que se abren al anochecer, emanan un aroma dulce e hipnótico que atrae a los insectos nocturnos. Sus amplias hojas dentadas, junto a sus frutos espinosos que parecen pequeños cofres, le otorgan un aspecto inquietante y al mismo tiempo magnético. Utilizada en rituales de transición y en viajes espirituales, la planta actúa como guía en procesos de transformación interior y en la superación de los límites de la percepción ordinaria. No obstante, a pesar de su riqueza simbólica y su fascinación evocadora, la datura sigue siendo una planta altamente tóxica. Cada parte de ella, desde las semillas hasta las hojas, contiene principios activos que pueden ser fatales si se ingieren o manipulan de manera incorrecta. En el jardín simbólico de la bruja, la datura representa el coraje para explorar lo desconocido y enfrentar las sombras del propio ser. Es una planta que invita a la reflexión y al misterio, una presencia que seduce y engaña.

El cactus

Existen algunos cactus que florecen de noche, uno de los más conocidos es la «reina de la noche» (*Selenicereus grandiflorus*). Esta planta pertenece a la familia de las *Cactaceae* y se distingue por su peculiaridad de producir flores espectaculares que sólo se abren tras el atardecer y se marchitan con las primeras luces del alba. La reina de la noche es originaria de las regiones tropicales de América Central y el Caribe, donde trepa a los árboles o crece entre las rocas. Sus tallos verdes y delgados, a menudo colgantes o retorcidos, parecen serpientes vegetales que se deslizan entre las sombras. Sin embargo, es su floración nocturna lo que la convierte en una presencia casi de otro mundo. Sus flores pueden alcanzar hasta treinta centímetros de diámetro. Las corolas cerosas, de un blanco lechoso, están rodeadas de pétalos delgados. Esta aparición efímera viene acompañada de un aroma dulce e embriagador, comparado a menudo con un incienso floral, cuyo atractivo irresistible atrae a los polinizadores nocturnos. Simbólicamente, representa la belleza transitoria, el ciclo de vida y muerte encapsulado en un sólo evento. El hecho de que florezca sólo una noche la ha convertido en un emblema de deseos inalcanzables y momentos fugaces, lo que la conecta con rituales de introspección y transformación. La planta ofrece un espacio meditativo en el que contemplar la propia fragilidad y el inevitable paso del tiempo. En las tradiciones esotéricas, se asocia a menudo con la Luna y los rituales nocturnos. Se creía que la flor podía amplificar los sueños y las visiones, actuando como un portal hacia otros reinos. En algunos mitos de los nativos americanos, se utilizaba para preparar elixires de amor o pociones destinadas a despertar pasiones y deseos ocultos. A pesar de su hipnótica belleza, el cactus que florece de noche esconde espinas afiladas a lo largo de sus tallos, un elemento de defensa. Esta combinación de delicadeza y peligro la convierte en una planta ambivalente, perfecta para el jardín de la bruja gótica. Nos recuerda que lo más precioso a menudo existe sólo por un instante: la reina de la noche se convierte así en un recordatorio de vivir en el presente y abrazar lo efímero como parte de la naturaleza humana.

Prácticas y hechizos nocturnos y naturales

La Sacerdotisa en la carta del Tarot lo sabe: la noche es el mejor momento para conectar con nuestra intuición y experimentar con prácticas mágicas. Durante la noche, los estímulos externos son mínimos, lo que permite dedicarse con mayor intensidad a la práctica de la imaginación poética. En el fondo, los encantos y las prácticas mágicas son precisamente esto: una forma de llevar la poesía a nuestro mundo. Antes de comenzar, es recomendable realizar una purificación, quemando hierbas como salvia blanca, romero o laurel. Estas plantas, conocidas por sus propiedades protectoras, pueden recolectarse al atardecer y luego secarse. Durante la práctica, sus humos se utilizan para purificar ambientes, objetos e incluso personas, permitiendo que el humo perfumado disperse las energías negativas en el viento. Otra práctica nocturna es propiciar sueños proféticos. Antes de dormir, se puede preparar con atención y cuidado una infusión de manzanilla, lavanda y algunas hojas de artemisa (esta última bajo la supervisión de un herborista), para favorecer la conexión con el mundo onírico. El objetivo es abrir la mente a mensajes simbólicos y visiones que puedan guiar o responder a preguntas sin resolver. Un encantamiento natural nocturno especialmente sugestivo es la creación de espejos de agua lunar. Se llena un cuenco plateado o de vidrio transparente con agua de manantial o de lluvia, dejándolo expuesto a los rayos de la Luna. Esta superficie reflectante se convierte en una herramienta para la *escrutinio* (*scrying*), es decir, la adivinación a través de lo que se refleja en la superficie del agua, interpretando las imágenes y símbolos transmitidos por la Luna misma. Incluso la llamada «magia de las espinas» puede practicarse de noche. Se recolectan espinas de rosa o espino, creando un círculo protector alrededor de la casa o de un espacio sagrado. Las ramitas con espinas también pueden entrelazarse en pequeñas coronas, para colgarlas sobre puertas y ventanas, protegiendo el hogar de energías negativas e intrusiones no deseadas.

AGENDA JARDÍN LUNAR

Un jardín lunar sigue los ciclos de la Luna para sembrar, plantar y cosechar, aprovechando las energías naturales para favorecer el crecimiento de las plantas. Esta agenda te ayudará a organizar el trabajo en armonía con las fases lunares. Planifica con cuidado y observa cómo tu jardín crece siguiendo el ritmo de las estrellas y la tierra.

FASES LUNARES Y ACTIVIDADES

Luna nueva

- **Qué hacer:** planificación y preparación del terreno.
- **Actividades recomendadas:** siembra de plantas de crecimiento rápido, como ensaladas y hierbas aromáticas.
- **Enfoque energético:** inicio e intenciones.

Luna creciente

- **Qué hacer:** siembra y trasplante de plantas que crecen hacia arriba, como flores, hortalizas de hoja y árboles frutales.
- **Actividades recomendadas:** riego ligero, adición de fertilizantes naturales y poda delicada.
- **Enfoque energético:** crecimiento y desarrollo.

Luna llena

- **Qué hacer:** cosecha y cuidado de las plantas.
- **Actividades recomendadas:** recolección de flores y plantas medicinales para obtener el máximo de su energía.
- **Enfoque energético:** reflexión y gratitud por la abundancia que tenemos.

Luna menguante

- **Qué hacer:** poda, trasplante de raíces y cosecha de tubérculos.
- **Actividades recomendadas:** eliminación de malas hierbas, compostaje y descanso del suelo.
- **Enfoque energético:** limpieza y liberación.

CAPÍTULO 8

HISTORIAS, PERSONAS E INSPIRACIONES GÓTICAS

Este capítulo se propone explorar algunas de las figuras más emblemáticas de este imaginario gótico: cada personaje que encontraremos, real o simbólico, representa una inspiración ligada a este mundo. Mary Shelley, con su *Frankenstein*, ha moldeado un mito moderno. Miércoles Addams, con su mirada penetrante y su ironía, representa un desafío a las convenciones a través del filtro de lo macabro. Y luego hay figuras como Carmilla, pionera del vampirismo, y Erzsébet Báthory, la Condesa sangrienta, suspendida entre la leyenda y la crueldad histórica. Nos encontramos con estas figuras, algunas iconos de la cultura pop, otras verdaderas heroínas góticas. Todas, sin duda, muy queridas por quien escribe.

Mary Shelley

Mary Wollstonecraft Godwin nació el 30 de agosto de 1797 en Londres, en una familia donde el intelecto y el pensamiento radical eran la norma. Hija de Mary Wollstonecraft, autora de *Vindicación de los derechos de la mujer*, el primer manifiesto feminista, y de William Godwin, filósofo del pensamiento anarquista, Mary heredó una combinación explosiva de curiosidad intelectual y desafío a las convenciones. Creciendo rodeada de libros y debates revolucionarios, absorbió las ideas de una sociedad más justa, aunque también vivió las contradicciones de un mundo que negaba el pleno reconocimiento a las mujeres.

A los 19 años, Mary concibió *Frankenstein*, una obra que encapsulaba las inquietudes del gótico y el Romanticismo, al mismo tiempo que lanzaba una crítica incisiva a los mecanismos del poder. Considerada la primera obra de ciencia ficción de la historia, *Frankenstein* entrelaza el encanto del progreso científico con una profunda exploración de sus posibles peligros éticos y morales. A través del relato de la creación de un ser semihumano, la Criatura, por parte de Victor Frankenstein, Mary exploró temas como el control de la naturaleza, la responsabilidad del creador hacia sus criaturas y la marginación de quienes son considerados diferentes. El monstruo es aterrador, pero también profundamente solitario.

Mary vivió una vida difícil: viuda a los 24 años, tras la muerte de Percy Bysshe Shelley, dedicó su existencia a la escritura y al cuidado del legado poético de su marido, sin dejar de construir su propia voz. En sus novelas y relatos posteriores, exploró los límites de la memoria, las complejidades de las relaciones humanas y el conflicto entre individuo y sociedad. A pesar de vivir en una época que a menudo relegaba a las mujeres a roles secundarios, Mary mostró una determinación imparable para mantener el control de su narrativa. La aportación de Mary Shelley va más allá del ámbito literario. Su vida y su obra siguen siendo un referente para quienes desean cuestionar la relación entre poder, responsabilidad y compasión.

Edgar Allan Poe

El 7 de octubre de 1849, Edgar Allan Poe murió en circunstancias misteriosas: unos días antes de su muerte fue encontrado en estado de semiinconsciencia en las calles de Baltimore, frente a una taberna que también era un colegio electoral. Poe estaba confundido, desorientado y vestía ropa que no le pertenecía. En los días siguientes alternó breves momentos de lucidez con períodos de delirio, hasta morir a los 40 años. Las teorías sobre su muerte son variadas: algunos sugieren un ataque de *delirium tremens* relacionado con el alcoholismo, otros mencionan un posible caso de *cooping*, una práctica electoral violenta de la época. Tras su muerte, fue enterrado en una tumba anónima en Baltimore y sólo años después su cuerpo sería trasladado a un lugar más digno. Sin embargo, la exhumación del cuerpo generó más dudas sobre si realmente era él o no, evocando el arquetipo del doble, tan querido en el gótico. Poe nació en Boston en 1809, en el seno de una familia de actores itinerantes: huérfano desde muy pequeño, fue adoptado por John y Frances Allan. De niño vivió entre América e Inglaterra, demostrando un gran talento tanto en los estudios como en la escritura, aunque su vida pronto se vio oscurecida por la sombra del alcohol y las dificultades económicas.

Comenzó su carrera literaria como poeta y crítico, destacando por su estilo incisivo. Se casó con su joven prima Virginia Clemm, quien murió prematuramente de tuberculosis y dejó a Poe devastado. Este dolor resuena en muchas de sus obras, como *La máscara de la muerte roja*, que refleja el terror a la enfermedad y a la muerte. En sus cuentos y poemas, Poe exploró con maestría los temas de la locura, la pérdida y lo sobrenatural, dando vida a obras inmortales como *El cuervo*, *La caída de la casa Usher* y *El corazón delator*.

A pesar de su éxito literario, la vida de Poe estuvo marcada por la pobreza y la dependencia del alcohol. Su contribución a la literatura estadounidense es incalculable, convirtiéndolo en una de las figuras más icónicas y complejas del panorama cultural mundial. Su muerte, tan enigmática y fascinante, representa la última pieza de una vida vivida en el límite entre la luz y la sombra, en perfecta armonía con sus creaciones.

Shirley Jackson

Un día, Shirley Jackson llevó a su tercer hijo al hospital. En el mostrador de admisión, el empleado le preguntó cuál era su trabajo. «Soy escritora», respondió ella con calma. Tras un momento de reflexión, el hombre, con un tono paternalista, replicó: «Escribiré simplemente ama de casa». Este episodio encarna el destino de muchas mujeres de la época: reducidas a una etiqueta que ignoraba sus ambiciones, talentos y complejidad. Shirley Jackson luchó toda su vida para que se le reconociera el derecho a entrar en la literatura, ya que no era simplemente una autora de artículos de economía doméstica o la esposa del importante crítico literario Stanley Edgar Hyman: era, en todos los aspectos, una grandísima escritora.

Nacida el 14 de diciembre de 1916 en San Francisco, Shirley Jackson pasó la vida desafiando las expectativas que una sociedad patriarcal quería imponerle. De joven, tuvo que soportar el severo juicio de una madre que criticaba su apariencia y sus aspiraciones literarias. De adulta, encontró un precario equilibrio entre las demandas de un matrimonio complejo, la gestión de una casa con cuatro hijos y la necesidad de escribir como la gran artista que era. Jackson era una maestra en transformar lo ordinario en extraordinario, la rutina doméstica en fuente de inspiración para historias que exploraban la oscuridad oculta bajo la superficie de la vida cotidiana. Su pluma dio vida a obras que desnudaban las ansiedades sociales y las hipocresías de una sociedad estadounidense rígida y conformista. Relatos como *La lotería* (*The Lottery*) y novelas como *La maldición de Hill House* (*The Haunting of Hill House*) y *Siempre hemos vivido en el castillo* (*We Have Always Lived in the Castle*) hicieron de Shirley una figura única y fundamental en la literatura gótica y de terror psicológico, amada por escritores como Stephen King.

A pesar del éxito literario, su vida estuvo marcada por una lucha constante contra las presiones sociales. Murió prematuramente el 8 de agosto de 1965, pero su trabajo sigue influyendo en generaciones enteras. Shirley Jackson no era simplemente un ama de casa: era una bruja, una visionaria, una verdadera revolucionaria.

Robert Smith y The Cure

Robert Smith fascina incluso con lo poco que se sabe sobre su vida privada: conoció a Mary Poole, su esposa, en la escuela, donde en un pequeño concierto Robert le dedicó una canción. Tras años de noviazgo, se casaron en 1988 y mantuvieron una relación que se convertiría en el núcleo emocional de la vida de Robert Smith, quien se convertiría en una gran estrella de rock y líder de la banda The Cure.

La música de The Cure, guiada por la visión artística de Smith, es una exploración poética e intensa de las emociones humanas. Su estilo, que fusiona elementos de *post-punk* y *dark wave*, ha dado vida a un repertorio que aborda con profundidad temas propios de la filosofía dark; fantasmas, recuerdos y bosques solitarios habitan siempre la producción musical de la banda. Álbumes como *Disintegration* y *Pornography* ofrecen paisajes sonoros que oscilan entre la melancolía y la plenitud, mientras que canciones como *Lovesong* celebran la intimidad y la fuerza del amor, con anhelo y deseo.

La estética de Robert Smith se ha vuelto tan icónica como su música. Su cabello despeinado, el maquillaje negro y el lápiz labial corrido definen una imagen rebelde y fuera de los esquemas que ha influido profundamente en el imaginario visual asociado a la música dark y que incluso recuerdan a la estética de Tim Burton. Con álbumes como *The Head on the Door*, *Kiss Me, Kiss Me, Kiss Me* y *Wish*, The Cure consolidó su influencia en la escena musical internacional. Las letras de Robert Smith, a menudo ricas en imágenes oníricas y cargadas de simbolismo, abordan los sentimientos humanos más complejos, convirtiendo a la banda en un referente imprescindible para quienes buscan una música que sea evocadora y envolvente al mismo tiempo.

El lanzamiento de *Songs of a Lost World* y la reciente gira demuestran que el arte de Robert Smith está más vivo que nunca. Su capacidad para capturar la esencia de las emociones humanas a través de la música sigue siendo vibrante y le reafirma como una figura esencial, casi única, en el panorama musical.

Beetlejuice

Beetlejuice (o *Betelgeuse*, su verdadero nombre) es el personaje central de la película homónima dirigida por Tim Burton en 1988: un espíritu caótico y grotesco interpretado por Michael Keaton. Su estética distintiva, con traje de rayas blancas y negras, rostro espectral y cabello verdoso, lo ha convertido en un icono de la cultura gótica pop y dark. Beetlejuice encarna el caos, alguien que juega con las reglas y las subvierte, asemejándose a un *trickster* como Loki en la mitología celta. Es más propiamente un demonio: de hecho, no puede pronunciar su propio nombre, mientras que para invocarlo hay que llamarlo tres veces. Su comportamiento irreverente y su desprecio por toda convención lo convierten en un personaje fascinante, temible e irresistiblemente irreverente.

La trama original lo ve interactuar con Adam y Barbara Maitland, una pareja de esposos fallecidos que intentan ahuyentar a los habitantes humanos de su casa con la ayuda del «bio-exorcista» Beetlejuice, en una especie de exorcismo al revés. Su imprevisibilidad y sus métodos poco convencionales desencadenan una serie de eventos hilarantes e inquietantes, en perfecta sintonía con la estética gótica surrealista de Tim Burton. En 2024, Burton retomó al personaje en la secuela *Beetlejuice Beetlejuice*, llevando de nuevo a Michael Keaton a la gran pantalla, acompañado de actores como Winona Ryder, Jenna Ortega y Monica Bellucci. La nueva película amplió el universo de Beetlejuice, introduciendo nuevas dinámicas sin perder el espíritu irreverente y macabro que caracteriza al personaje. La obra fue un gran éxito, confirmando la relevancia cultural de esta figura única. Beetlejuice es un icono gótico gracias a su aspecto decadente, su humor negro y su capacidad para subvertir cualquier regla con una genial anarquía. Es un símbolo de libertad creativa, que sigue inspirando a generaciones con su mezcla de encanto grotesco y pura imprevisibilidad. Y como diría él mismo al momento de entrar en escena: *«It's showtime!»*.

Catherine Earnshaw y Emily Brontë

Emily Brontë, nacida el 30 de julio de 1818 en Yorkshire, era hija de un pastor anglicano. Creció en un ambiente aislado, rodeada de páramos salvajes y una familia igualmente extraordinaria. Desde joven, Emily mostró una imaginación fuera de lo común, creando, junto a sus hermanas Charlotte y Anne, mundos imaginarios que alimentaban su escritura. Su naturaleza reservada y su profundo vínculo con su tierra dieron vida a *Cumbres Borrascosas*, la única novela publicada en vida, que salió en 1847 bajo el seudónimo masculino Ellis Bell.

Cumbres Borrascosas es una historia de amor y venganza que se desarrolla entre dos familias, los Earnshaw y los Linton, con el telón de fondo de los ventosos páramos. En el centro de la narrativa se encuentra Catherine Earnshaw, uno de los personajes más complejos de la literatura inglesa. Impetuosa, pasional y atormentada, Catherine es una fuerza de la naturaleza, inseparable del paisaje que la rodea. Su vínculo con Heathcliff, un huérfano acogido por su padre, es el elemento central de la novela. Catherine describe a Heathcliff como parte de sí misma, tal como afirma en una de las frases más célebres: «Yo soy Heathcliff». Este amor visceral es romántico, pasional y trasciende cualquier límite social y moral.

Sin embargo, Catherine se casará por razones sociales con Edgar Linton. Dividida entre los dos hombres, su salud se deteriora, consumida por la intensidad de sus emociones y la lucha interior entre el deber y el deseo. Su muerte deja un vacío irreparable y arrastra a Heathcliff a una espiral de destrucción que afecta a todos los personajes. Emily Brontë construyó a Catherine como un personaje indomable y ambiguo, capaz de inspirar tanto admiración como desprecio. A través de Catherine, Emily explora las dinámicas de poder, el conflicto entre la identidad individual y las expectativas sociales y el peso de las elecciones personales. Emily murió de tuberculosis en 1848, apenas un año después de la publicación de su novela. Sin embargo, el poder de *Cumbres Borrascosas* resuena hasta hoy en día y deja la herencia de una escritora capaz de dar vida a personajes y relatos que sacuden el alma humana. Catherine Earnshaw es la encarnación de la tormenta: impredecible, arrolladora e inolvidable.

Carmilla

Carmilla, protagonista del relato homónimo de Joseph Sheridan Le Fanu publicado en 1872, es una de las figuras más fascinantes y ambiguas de la literatura gótica. Vampira etérea y magnética, encarna una feminidad transgresora que desafía las convenciones de la época victoriana. Su historia se sitúa en una remota región de Estiria y explora el vínculo entre ella y Laura, una joven que vive aislada en su residencia familiar. La relación entre las dos está cargada de una intimidad sugerente y un sutil encanto prohibido, escandaloso para la época.

El vampirismo de Carmilla celebra un deseo libre e incontrolable, capaz de romper los límites morales y sociales impuestos a las mujeres. Su capacidad para transformarse en un felino negro evoca una fuerza primitiva e indomable, estrechamente vinculada al instinto y a la naturaleza salvaje. A través de Carmilla, Le Fanu explora el poder seductor y destructivo de la feminidad, presentándola como una alternativa inquietante a la idealizada imagen de la mujer victoriana.

Publicada más de veinte años antes de *Drácula* de Bram Stoker, *Carmilla* fue una inspiración crucial para la literatura vampírica posterior. La figura de la vampira, con su encanto letal y su vínculo con la sangre y la muerte, se encuentra en personajes como Lucy Westenra, quien hereda muchas de las características de Carmilla. Sin embargo, Le Fanu crea una vampira femenina arquetípica que no se reduce a víctima o antagonista, sino que representa una fuerza compleja en la que la seducción y la destrucción se entrelazan. Su influencia en Drácula y en la narrativa vampírica posterior demuestra el poder del personaje creado por Le Fanu, que sigue siendo un símbolo de transgresión y un icono de la literatura gótica.

Carmilla es la vampira por excelencia, que evoca el irresistible encanto de la sombra y lo prohibido.

Erzsébet Báthory

Erzsébet Báthory, conocida como la Condesa sangrienta, es una de las figuras más fascinantes y controvertidas de la historia europea. Nacida en 1560 en una influyente familia noble del Reino de Hungría, se encuentra en el centro de una infinitud de relatos que mezclan realidad y mito. Se dice que entre 1590 y 1610 torturó y mató a muchas jóvenes y que, según algunas leyendas, utilizó su sangre como elixir de juventud, evocando al personaje de Drácula y el vampirismo. Muchos historiadores dudan de estas acusaciones, considerándolas exageradas o motivadas políticamente. En una época en la que las mujeres poderosas e independientes eran una rareza, Erzsébet administraba con éxito sus vastas propiedades tras la muerte de su esposo, Ferenc Nádasdy. Este control directo sobre sus tierras y recursos, junto a su posición de poder, la convirtió en un blanco fácil para las rivalidades nobiliarias y las ambiciones de la Corona de los Habsburgo. En 1610 fue arrestada bajo las acusaciones de asesinato y brujería, aunque las pruebas se basaban principalmente en confesiones obtenidas bajo tortura y en testimonios poco fiables. Aunque no fue condenada a muerte, fue confinada en su castillo de Cachtice, donde murió en 1614. El mito de Erzsébet Báthory se ha consolidado con el tiempo, alimentado tanto por la cultura popular como por interpretaciones académicas. Su historia ha sido reinterpretada como una metáfora de los miedos relacionados con el poder femenino y la transgresión de las normas sociales de la época. Numerosos estudios han señalado cómo las acusaciones contra ella podrían haber sido una herramienta política para justificar la expropiación de sus tierras y su eliminación como figura de poder. Además de encarnar el terror hacia la alteridad femenina, Erzsébeth es hoy considerada un símbolo complejo, relacionado también con la peligrosidad atribuida a las mujeres que se desvían de los esquemas establecidos.

Miércoles Addams

Miércoles Addams nunca pasará de moda: creada por Charles Addams para una serie de viñetas de *The New Yorker* en los años 30, se ha convertido en un símbolo de irreverencia, capaz de atraer a diferentes generaciones a lo largo de los años. Su estilo inconfundible, con sus trenzas ordenadas y el cuello blanco sobre el vestido negro, la ha convertido en un icono inmediatamente reconocible, cuestionando los modelos convencionales. Con el tiempo, ha sido protagonista de series televisivas, películas y otros medios.

En las primeras versiones televisivas de los años sesenta, Miércoles era retratada como una niña peculiar, pero integrada en las dinámicas familiares. Las películas de los años noventa, como *La familia Addams* (1991) con Christina Ricci en el papel de Miércoles, acentuaron el lado oscuro y provocador del personaje, convirtiéndola en un símbolo para quienes se sienten fuera de lugar.

La reciente serie de Netflix *Wednesday*, dirigida por Tim Burton, ha reinventado al personaje para un público moderno. Jenna Ortega interpreta a una Miércoles que combina la estética gótica con su inconfundible estilo de siempre, añadiendo nuevas dimensiones que amplifican su impacto. Explora los dilemas del crecimiento y el autodescubrimiento, sin perder nunca su agudo e irónico sentido del humor. La *Nevermore Academy* ofrece el escenario ideal para profundizar en cuestiones relacionadas con la búsqueda de identidad y los obstáculos para adaptarse a su propio contexto social y a las expectativas de los demás.

Miércoles Addams es una celebración de la diferencia, nos recuerda que la verdadera fuerza nace de ser uno mismo. Desde las primeras viñetas de Charles Addams hasta los filmes de Sonnenfeld y la nueva vida que le ha dado la serie de Netflix, el personaje sigue sorprendiendo e invitando a cuestionar los prejuicios y a ver la belleza en la diversidad.

CONSEJOS DE ESTILO

Mary Shelley

- **Estilo personal:** elige prendas simples pero sofisticadas, preferiblemente en tonos oscuros o neutros, con detalles románticos como encajes o camafeos. Una capa larga o una chaqueta bien estructurada completarán tu atuendo.
- **Accesorios:** opta por joyas *vintage* o inspiradas en la época victoriana. Un cuaderno de cuero será el toque final perfecto.

Edgar Allan Poe

- **Estilo personal:** prefiere el negro y el gris con tejidos ricos como terciopelo o lana. Una camisa blanca con un pañuelo anudado aporta un toque dramático y poético.
- **Accesorios:** un reloj de bolsillo, anillos con formas góticas o inspirados en cuervos y plumas.

Shirley Jackson

- **Estilo personal:** apuesta por una elegancia sobria con prendas que transmitan seguridad, como un vestido lineal pero elegante o un traje oscuro. Los detalles minimalistas resaltan tu lado observador.
- **Accesorios:** gafas retro o un bolso amplio de cuero, ideal para llevar papeles y cuadernos, perfectos para una mente crítica y precisa.

Carmilla

- **Estilo personal:** elige tejidos lujosos como la seda o el terciopelo en tonos profundos como el rojo, el violeta y el negro. Vestidos largos con escotes suaves o mangas dramáticas evocan un encanto romántico.
- **Accesorios:** joyas doradas o con piedras preciosas. Un colgante antiguo es el complemento ideal.

Miércoles Addams

- **Estilo personal:** atrévete con un estilo casi monocromático, con prendas negras y detalles blancos como cuellos o puños. La simplicidad de las líneas es tu fortaleza.
- **Accesorios:** trenzas icónicas, zapatos negros con cordones y un bolso compacto con un diseño minimalista.

Erzsébet Báthory

- **Estilo personal:** opta por un look regio con corsés o vestidos inspirados en la aristocracia. Los colores intensos como el rojo oscuro y el negro dominan tu paleta.
- **Accesorios:** joyas elaboradas, preferiblemente con detalles góticos como cruces o rubíes. Un recogido elegante añade un toque majestuoso.

Beetlejuice

- **Estilo personal:** diviértete con un look extravagante. Elige prendas a rayas, colores audaces y combinaciones caóticas.
- **Accesorios:** gafas *vintage*, guantes o zapatos excéntricos. No temas añadir elementos exagerados.

Catherine Earnshaw (*Cumbres Borrascosas*)

- **Estilo personal:** elige prendas que combinen elementos rústicos y románticos, como vestidos ligeros en tejidos naturales con detalles bordados. Los colores tierra, como el marrón, el verde y el beige, te conectan con el ambiente salvaje del páramo.
- **Accesorios:** una bufanda suave o una capa ligera que parezca envolverte, perfecta para un paseo solitario en un paisaje ventoso.

Robert Smith (The Cure)

- **Estilo personal:** combina prendas *oversize* con tejidos desaliñados pero encantadores, como camisas amplias y pantalones *skinny* negros. Chaquetas de cuero o blazers completan el look.
- **Accesorios:** delineador de ojos marcado, cabello despeinado y zapatos con suela gruesa. Un labial rojo añade un toque audaz y teatral. En este estilo conviven la poesía y la melancolía.

BIBLIOGRAFÍA

BERNARDI, MILENA: *Infanzia e fiaba*. Bononia University Press, Bolonia, 2007.

—, *Infanzia e metafore letterarie*. Bononia University Press, Bolonia, 2009.

—, *La voce remota – la fiaba, l'infanzia, l'eredità delle storie*. Edizioni ETS, Pisa, 2019.

BROADWELL, ELIZABETH P.: «The Veil Image in Ann Radcliffe's The Italian», *South Atlantic Bulletin*, vol. 40, núm. 4, pp. 76-87 (1975).

BRUNETTI, UMBERTO: *Queer Gothic: la sfida ai valori tradizionali nel romanzo gotico contemporáneo* [tesis de grado]. Università di Modena e Reggio Emilia, Módena, 2020-2021.

BURKE, EDMUND: *Indagación filosófica sobre el origen de nuestras ideas acerca de lo sublime y de lo bello*. Alianza Editorial, Madrid, 2023.

BUTTAZZONI, IVAN: «La Donna Vampiro in Christabel di Samuel Taylor Coleridge, Carmilla di Joseph Sheridan Le Fanu e Dracula di Bram Stoker», *Blue Gum*, núm. 9, 2022.

CALDERARI, MATTHIAS: *Beauty Sleeping in the Lap of Horror: The Importance of Nature in Gothic Fiction* [tesis de grado]. Università di Friburgo, Friburgo, 2019.

CALVINO, ITALO: *Cuentos populares italianos*. Siruela, Madrid, 2014.

CEOLATO, MARIANNA: *L'ambiguità dello yurei nella letteratura giapponese contemporánea*[tesis de grado]. Università Ca' Foscari, Venecia, 2024.

CHOLLET, MONA: *Brujas*. Ediciones B, Barcelona, 2019.

FORNI, DALILA: «Donne, streghe e streghette nella letteratura per l'infanzia», *Quaderni di Intercultura*, vol. XIII, pp. 21-43 (2021).

FÜSSLI, J. H.: *La pesadilla* (pintura, 1781). Reproducciones y análisis en: *Henry Fuseli: The Nightmare*. Tate Publishing, Londres, 2016.

HODGES, B. KIDDER: «Apparitions and Atmospheres: An Introduction to the Special Issue on Gases, Clouds, Fogs and Mists», *Coolabah*, núm. 34, pp. 1-6 (2023).

HUGHES, WILLIAM: *Foreword: On the Gothic Nature of Gardens*. Manchester University Press, Mánchester, 2020.

JACKSON, SHIRLEY: *Siempre hemos vivido en el castillo*. Traducción de M. Paula Kuffer, Minúscula, Barcelona, 2017.

—, *La maldición de Hill House*. Traducción de Carles Andreu, Minúscula, Barcelona, 2019.

MAGUIRE, GREGORY: *Wicked: Memorias de una bruja mala*. Booket, Barcelona, 2009.

MEYER, STEPHENIE: *Crepúsculo*. Alfaguara, Barcelon,a 2006.

MIKULOVÁ, MARTINA: *Transformation of the Gothic in Nineteenth-Century British Literature and Culture* [tesis de grado]. Univerzita Karlova, 2016.

PATTERSON, R.: «Once upon a Midnight Dreary: The Life and Addictions of Edgar Allan Poe», *CMAJ: Canadian Medical Association Journal*, vol. 147, núm. 8, p. 1246 (1992).

POE, E. A.: *La caída de la Casa Usher*. Traducción de Francisco Torres Oliver, Nórdica, Madrid, 2015.

POLIDORI, J. W.: *El vampiro*. Austral, Barcelona, 2020.

SHELLEY, MARY: *Frankenstein*. Anaya, Madrid, 2010.

STOKER, BRAM: *Drácula*. Random House, Barcelona, 2015.

VANOLO, ALBERTO: «Fantasmi», *Rivista Geografica Italiana*, vol. 125, núm. 3, pp. 369-381 (2018).

WAHAM, JIHAD JAAFAR: «The Art of Gothic Literature: An Analysis of Mary Shelley's Frankenstein», *International Linguistics Research*, vol. 6, núm. 2, p. 1 (2023).

WALLACE, D. F.: *El rey pálido*. Debolsillo, Barcelona, 2013.

WALPOLE, HORACE: *El castillo de Otranto*. Alianza Editorial, Madrid, 2008.

FILMOGRAFÍA

Beetlejuice (1988), dirigida por Tim Burton.

Beetlejuice Beetlejuice (2024), dirigida por Tim Burton.

Drácula (1931), dirigida por Tod Browning.

Drácula, de Bram Stoker (1992), dirigida por Francis Ford Coppola.

El fin de los tiempos (2008), dirigida por M. Night Shyamalan.

Los pájaros (1963), dirigida por Alfred Hitchcock.

Entrevista con el vampiro (1994), dirigida por Neil Jordan.

The Company of Wolves (1984), dirigida por Neil Jordan.

La familia Addams (1991), dirigida por Barry Sonnenfeld.

Mulholland Drive (2001), dirigida por David Lynch.

Pesadilla en Elm Street (1984), dirigida por Wes Craven.

Nosferatu: Una sinfonía del horror (1922), dirigida por Friedrich Wilhelm Murnau.

Suspiria (1977), dirigida por Dario Argento.

La maldición de Hill House (2018), dirigida por Mike Flanagan.

La maldición de Bly Manor (2020), dirigida por Mike Flanagan.

The Innocents (1961), dirigida por Jack Clayton.

La bruja (2015), dirigida por Robert Eggers.

Twin Peaks (serie TV, 1990-1991, 2017), dirigida por David Lynch.

SITOGRAFÍA

www.theconversation.com/the-gothic-vision-at-the-heart-of-alexandermcqueens-savage-beauty-38544

www.academia.edu/90673319/Il_castello_e_il_monastero_due_facce_dello_stesso_muro_nella_narrativa_gotica_fantasy_e_nel_romanzo_storico

www.asiasuler.com/dealing-with-summertime-sadness/

www.doppiozero.com/pipistrelli-e-epidemie-vecchie-e-nuove

www.alessandrogirola.me/2018/11/12/la-natura-ci-e-nemica-leco-gothic/

www.letteratour.it/tesine/a06gotico01.asp

Cecilia Lattari

Es autora, pedagoga teatral, educadora y actriz. Se dedica principalmente a la formación teatral en el ámbito social, a través de proyectos artísticos dirigidos a adolescentes y adultos con discapacidad. Es herbolaria y formadora en el ámbito naturalista, con una predilección por la *outdoor education*. Experta en cuentos, le apasiona el cine, en particular el género del horror y las historias de fantasmas. Sus trabajos y estudios se centran en el cuento y la narración oral. Colabora como autora para la editorial Vivida, para la que ha escrito muchos libros y creado diversos mazos de Tarot dedicados a plantas sagradas, magia natural y el mundo salvaje.

Marta Orlowska

Nació en Polonia, donde la belleza de los bosques y los lagos de su tierra cultivaron en ella el amor por la naturaleza. No fue hasta que se trasladó a Inglaterra, rodeada por los paisajes serenos y las costas salvajes de su nueva casa, que encontró su voz artística. Alma talentosa e introspectiva, Marta ama expresarse en la quietud, donde los susurros del mar y la tranquilidad de los bosques inspiran su trabajo. Impulsada por el amor a la soledad y una profunda conexión con la naturaleza, continúa creando obras evocadoras y poderosas que resuenan con la tranquila belleza oculta del mundo.